學風水斷疾病 一本就上手

Eric Wang

頂禮感恩古今風水前輩開示風水智慧

也感恩父母與妻子的鼓勵與護持

推薦序

王君繼出版《**學風水一本就上手**》及《**學玄空飛星風水，一本就上手**》二書後，又繼續推出新作《**學風水斷疾病，一本就上手**》，這可說是風水與中醫的合璧之作，將傳統五術「山、醫、命、相、卜」的山（風水）與醫（中醫），做了創新且頗具新意的絕妙結合。

研究風水的人，未必能對中醫的精妙有所領悟；而學習中醫之人，也極少能夠深入地探討風水堪輿之道。王君多年來跨足這兩個領域的研究頗深，再加上他有著專業的中文學術背景，由他來闡述風水與中醫的結合之道，可說是非常具有說服力，書中內容可讀性極高。對想要瞭解風水與疾病關係的讀者而言，這絕對是一本不能錯過的好書。

閱讀完本書後，讀者就能瞭解居家風水中的煞氣，如何影響身體健康而產生疾病或引發意外血光之災。對於疾病及意外的發生，可做到事先預測，因為有「如是因」，就會導致「如是果」，且若能從根源處移除致病的風水之因，就能預防風水疾病的發生。

王君在寫作上最大的特色，就是能化繁為簡，並可執簡馭繁。以簡練清楚的方式敘述，不故弄玄虛，循序漸進地引領讀者走進風水的玄妙世界。

將原本艱澀難懂的風水語言，以簡單易懂且條理分明的方式表達，並將風水核心及精妙之處，以邏輯實用的方式闡述，便於讀者的學習與檢索。即使是不具風水知識的讀者，也能一讀就懂，馬上就可以自我操作，可讀性極高。

王君對中醫與風水之道有著過人的領悟，他也將二者融會貫通。在本書第貳篇的第二節〈青龍白虎，四象和諧〉中，王君以中醫穴位「合谷穴」為例，說明為何此穴位主治功能強大的原因，因其位置正是位在身體的龍穴上。以左手合谷穴而言，旁有左青龍（食指）、右白虎（大拇指）、後玄武（大拇指及食指的交接結合處），所以能將經脈之氣凝聚在此穴場當中。這種說法頗有創見，也很形象化，讓中醫與風水之道相應契合，透過風水中的穴場形象，讓人對中醫穴位的意義，有了嶄新的認識與體悟。

古人透過仰觀天象與俯察地理，以通曉人事，這也是天人相應的體現。自然之道是「**在天成象，在地成形**」，人在天地之間，位居三才之一，受到天地陰陽之氣的交感作用，天地的形象，也同樣會在人的身上呈現出來。

因此，我們也需法天配地，體會天之高明與地之博厚，效法天道「**天行健，君子以自強不息**」，及學習地之坤德而「厚德載物」，唯有福德之人才能「福人居福地」。

在本書第捌篇〈風水疾病的綜合診斷與複合式療法〉的第一節〈風水疾病的四診合參〉中，王君提出風水「四診合參」的思路，認為風水師即是房宅的醫生。在風水堪輿上，也應該做到如同中醫「四診合參」的分析，對居家風水的吉凶做出綜合診斷，這是一個相當別出心裁的比對，非常具有新意與創見。

人的身心健康，與飲食、生活型態、運動、心態、人格特質、居住環境均有關係。王君能由風水環境的角度，解析身心健康的問題，頗值得中醫學習者及執業者做一番思索體會。目前中醫界對居家風水環境影響身心健康的研究並不多見，畢竟一般人的精力與時間有限，要跨足到另一個領域或行業做研究，實在是有所困難且力有未逮。因此，本書正好可以彌補這方面的不足。

王君在本書中教導讀者認識各種會影響身體健康的煞氣，如形煞、聲煞、味煞、陰煞……等煞氣，及需要透過推算才能得知的理氣煞氣。並提供了對這些煞氣的化解之法，對讀者的裨益甚大。

此外，在本書中也提出逆向思考，由疾病反推家中出了什麼風水問題，這一點有助於中醫師思考病人的病因。畢竟中醫師是治「病人」，一個人會有某種疾病，必有其原因，透過瞭解疾病真正的成因，才能對症下藥。如果疾病的主要成因，是由於家中的不良風水所造成，則要先將家中的風水調整好，再輔以中藥或針灸的治療，才能達到最佳的效果。

王君是紐西蘭的執業中醫師，在紐西蘭的中醫界頗有聲望，他對中醫的針法有深入的研究與實踐，體悟發明出一套「**王氏臟腑全息針法**」。此法無須記憶傳統針灸學中複雜的穴位、功能主治及各種配穴。強調在肘膝周圍固定的六個穴位扎針，即可治療內科雜病及痛症。他多次應邀到紐西蘭「新西蘭中醫藥針灸學會」(NZCMAS)，向在場的中醫師發表分享其獨特針法，並為多位有肩背痛的中醫師進行治療，下針不到十秒，患者們疼痛驟減，驚豔全場。對許多痛症的治療，只扎兩針，就達到極佳且迅速的療效，針法高超，令人讚嘆！

王君繼承整合了過往中醫前輩的理論，又能有所創見，體悟發展出自己的一套實用針法，實屬不易。他也以著這種紥實研究學問的態度，跨足風水領域的研究，以實用且邏輯的方式，進行風水的研究與實踐，不人云亦云，對建立風水上的正知正見，與破除風水上的謬誤及迷思不餘遺力。這種孜孜不倦的研究精神，及堅毅不畏艱難的信念，實在令人感佩！

《學風水一本就上手》、**《學玄空飛星風水，一本就上手》**及**《學風水斷疾病，一本就上手》**，是王君在風水上的融會貫通之作，也是將他寶貴的學習體悟實踐，不吝地與讀者分享，讓讀者能快速地掌握風水之道，且能建立對風水的正知正見。值此另一佳作出版之際，身為好友的我，與有榮焉，樂為之序。

紐西蘭持牌執業針灸師　張家榮

二〇二二年　於紐西蘭奧克蘭

自序

推廣風水正知正見，破除其謬誤及迷思，是筆者為風水傳承所盡的一點棉薄之力。目前有關風水的節目、網路影片及書籍甚多，當然對風水知識的普及，都會起到推動的作用。但在這些五花八門的資訊中，有些風水觀念及做法，對有志學習風水者，確實是很好的指引；但有些內容則不是真正風水的傳承，只是譁眾取寵的「娛樂風水」。而究竟哪些內容才是風水上的正知正見，對初學者而言，並不容易辨別。

因此，筆者陸續寫作出版了《**學風水一本就上手**》、《**學玄空飛星風水，一本就上手**》及《**學風水斷疾病，一本就上手**》三書，希望對風水有興趣的讀者能有所幫助。

筆者所傳承應用的風水法門為「玄空飛星風水學派」。因此，在本書所論及由於理氣所產生的疾病，主要也是以玄空飛星風水學派的觀點來論述。本書的書名《**學風水斷疾病，一本就上手**》，是筆者經過不斷思索推敲後，最後才定案的。書名中的「斷」字，有預測判「斷」疾病，及「斷」絕遠離疾病的雙重意義。一字兩義，這是中文字的奧妙，也正好契合本書所要探討的兩個主題。

中醫和風水之道，同源於《易經》。中醫在治療思路與治法上，運用了「**同聲相應、同氣相求**」的原理，也應用了五行生剋的補虛洩實治則。這些中醫的思路與治則，和風水之道相當契合，也讓筆者在學習風水時能更加得心應手。由於筆者的中醫背景，在思索風水典籍所論述的風水疾病時，也有著更深入的體悟。

筆者在紐西蘭執業中醫多年，發現某些患者的病因，除了生理、心理上的問題外，和居家的風水環境也有很大的關聯，如居住在密不通風的地下室，或家中存在著陰暗潮濕的嚴重濕氣……等問題。

這些由居家環境不良所產生的疾病問題，都不是僅藉由扎針或服用中藥，就可以完全解決的，必須要找到風水致病的真正病因，並解決風水失調及煞氣的問題，才有辦法直截根源，做到徹底斷根。這也是在說明在治療疾病上，必須要先掌握疾病發生的原因，才不會只是做到治標而無法治本，這一點可以當作讀者及醫者的參考。

古代中醫告誡子弟：「**汝若要學醫，功夫在醫外**」，說的是對疾病要有全面的認識，不是只會讀醫書及開藥方而已，也不能僅看疾病的外在表現就開立處方，必須要探求疾病的發生原因，才能真正的對症下藥。

本書第參篇〈認識風水病與化解之法〉，筆者針對住宅內外常見會影響健康，及引發意外血光之災的煞氣，與其化解之法，做了詳細的說明介紹。對疾病及意外血光的預測與化解，可以做好事先的預防，或將傷害降到最低。在這些煞氣的化解法中，筆者較不偏好使用「乾坤太極圖」、「山海鎮」一類的民俗宗教化煞物，而是更著重在符合邏輯且實際有效的化解之道。在該篇章中，會有詳細的說明。

本書第伍篇〈風水理氣病－由飛星組合判斷疾病〉，則分析闡述居家風水中，不同的退運飛星組合，會引發不同的疾病與意外血光之災。而當流年凶煞飛星加臨時，也會產生激化煞氣的影響。此外，不同方位的壞巒頭煞氣與退運山星結合時，則會產生與八卦方位相應的凶應。

本書第陸篇〈由疾病檢視居家風水問題〉，則讓讀者逆向思考，若是家中成員已經生病或時常生病，或有意外血光之災等狀況發生時，可回過頭來檢視居家風水格局中，是否有與該疾病或意外血光相對應的內外煞氣或理氣格局，要盡速進行化解調理。

希望藉由本書的內容，讓讀者對風水病的成因有更多的瞭解，在疾病或災禍尚未發生前，就能夠做到防患未然。若是疾病或災禍已然發生，則要盡速透過風水煞氣的正確化解之法，「亡羊補牢」以趨吉避凶。祈願大家都能平安吉祥，離苦得樂。

紐西蘭持牌執業中醫師暨風水諮商師

王信宜謹識

二〇二二年　於紐西蘭奧克蘭

目錄

五、致病的室內煞氣與化解之法…………147

壹

前言

壹 前言

人的能量氣場，會與所居住的地理磁場產生相互共振的影響，所以居家風水肯定會對居住者的身心，產生各個層面的影響。藉由分析居家風水的內外環境格局，再配合上理氣的推算，則可以推斷出宅中之人的運勢、財運與身心狀況。

本書的重點，主要是在闡述分析居家風水的內外環境及理氣格局的煞氣，對居住者產生何種不利健康的影響，教導讀者找出風水致病及可能激化意外血光之災的因素，與提供化解之法。

在居家風水上，面對煞氣須採取對應的化解法，以避免煞氣對宅中之人產生不利的影響。譬如面對衰煞宮位的路沖或剪

種植圍籬樹牆以抵擋路沖

刀煞之類的煞氣，不但不利宅中之人的健康，也會引發意外血光之災，必須要做好妥善的化解處理。在無法搬家的情況下，可在門前種植樹木或圍籬樹牆以抵擋；或使用厚重大石塊阻擋，再用硃砂筆寫上「泰山石敢當」鎮煞，或築起圍牆，以增加緩衝空間；或在面對路沖或剪刀煞處，做一道水牆或水池，以阻斷煞氣。

但屬於無形的理氣煞氣，就需要透過計算的方式來推算取得。理氣格局必須搭配外巒頭的美惡，進行綜合判斷分析，才能得知房宅的吉凶，及何時會應吉或發凶。如果有不利健康或容易引發意外血光的凶煞理氣，則需藉由室內格局的調整或物品的擺設，透過五行的生剋調理，以達到和諧共振的居家磁場。

在化煞的看法上，筆者十分重視找出煞氣為何會成為煞氣的原因，到底是屬於實質型會真正產生影響的煞氣，如天斬煞、壁刀的風切；或只是屬於心理暗示型的煞氣，如藥罐煞、棺材煞……等。

而針對這些不同性質的煞氣，又如何做出實際有效的化解，這是極為重要的部分。就如同分析疾病一樣，就算是分析得再怎麼有道理，若開立的處方或治療的方法有誤，那也是枉然。

譬如有些風水師會建議在面對「天斬煞」的位置(「天斬煞」為兩棟大樓間的間隙狹小，強風會沿著間隙像風刀一樣，向自家的住宅斬切過來)，懸掛「乾坤太極圖」或「山海鎮」，認為因其有「移山倒海」的效果，所以可化解煞氣。或是使用風水羅盤、八卦鏡、葫蘆……等民俗宗教化煞物做化解。

天斬煞

筆者個人則不建議僅採用這種方式化解「天斬煞」，這種方式頂多只是在心理上求個安心，但無法對湍急的風速氣流，提供有效的阻擋。因此，筆者所建議的化解方式，必須要封住面對天斬煞的窗戶，或將該窗戶改成氣密窗，並在窗戶上黏貼霧面貼紙，使其仍可透光，但不見天斬煞的煞氣之形。

或在面對天斬煞的位置上，種植圍籬樹牆，或在陽台處擺放較高的盆栽做阻擋，形成如防風林般的防護，以阻擋天斬煞的強風，對自宅造成磁場不穩定的影響。若偏好懸掛「乾坤太極圖」或「山海鎮」……等民俗宗教化煞物的讀者，最好要結合以上筆者所建議的處理方式，會較為保險。

又如對無尾巷煞氣的化解，有些風水老師會建議，將鏡子黏貼在無尾巷尾的牆面上，且要打亮鏡面，並在鏡子上貼上紅紙，以避免招陰；或在門前懸掛山海鎮或乾坤太極圖，以化解無尾巷所產生的負面影響。

無尾巷

筆者則認為，面對煞氣要找出煞氣的真正成因。無尾巷的煞氣，在於無尾巷的巷尾與外界隔絕，而導致氣場凝滯、氣機不暢。貼鏡子的做法，是可以增加一些視覺上的通透感，多少可以化解一些形煞的不舒適感，但對於氣流不通暢的本質問題，並沒有幫助。至於懸掛山海鎮或乾坤太極圖，效果究竟有多少？試想，這些物品能化解氣流不通暢的本質問題嗎？相信讀者想一下就能清楚，而且無尾巷的間距通常都不大，當對面鄰居看見你所懸掛的山海鎮或乾坤太極圖，朝向他們家，他們的心中會做何感想？

因此，筆者認為真正的解決之道，是在於化解無尾巷尾端的氣場凝滯問題。若在無法搬家的情況下，必須活絡無尾巷尾端的氣場。可在死巷封死處，擺放數盆齊腰的大型闊葉盆栽，藉以增加此處氣場的生命力和活力；或在無尾巷尾端設計流水造景，藉由不斷流動的活水，化解死巷的煞氣，水池中也可以種植一些水草，及在流水造景上打上燈光，更能加強氣場的活絡；若在情況許可下，可在無尾巷尾端的圍牆上，打通幾個氣孔，或開一個約六十公分的通道，使汙濁之廢氣得到疏通，可減輕負面影響。

透過筆者的說明，讀者對於以上筆者所提供的化煞之法，是否感覺更加合理，更加符合化煞的邏輯性，且更能達到實用有效的效果呢？

此外，要探討煞氣的影響，也必須要能與時俱進。古代和現代的時空背景與環境設施，有極大的不同，有些煞氣在古代會產生極為嚴重的問題，但在今日現代化的設施中，可能就沒什麼影響。我們不能將古人所面對的情況，直接生搬硬套到現代的生活環境，必須要加以思考，某些古代風水化煞的觀念及做法，是否仍適用於當今的現代社會呢？

譬如說有些風水老師會把廁所門與房間門相對，看成是一件非常嚴重的事。但其實我們要瞭解，在現代風水堪輿的禁忌與著重點，會和古代有所不同。因為古今房宅的差異，在設計、結構、設備上均不同，以前老式廁所的衛生差，且為木板隔間，廁所在臥室旁邊或對面，當然會產生很重的「味煞」。記得筆者小時候住在外婆家，外婆家的廁所是老式廁所，衛生不佳，蒼蠅蚊蟲穢物都在其中，味煞極重，水肥車每週固定來抽取廁所的穢物。因此，在古代或是在四、五十年前，若是廁所門與房間門相對，廁所穢氣直接飄進房間，這種嚴重味煞的影響，在風水上肯定是大凶。目前在某些郊區鄉下，或更偏僻的地方，還是存在著這種老式廁所，對於「廁所門與房間門相對為大凶」的煞氣看法，在這些地方依然適用。

但若是在現今的城市都會區裡，廁所都是新式的抽水馬桶，糞管也都是PVC的材質，穢氣不外洩，且現在都是磚牆隔間，所謂「土牆為山」，磚牆就如同山一樣，徹底地隔開了兩個空間，這類煞氣的問題就不大。此外，若是廁所的馬桶不是直接對著廁所門，影響也會大為減少。

在現代的衛浴設施中，最髒的地方不是馬桶，反而是放置在檯面上的牙刷或物品。因為每次在沖馬桶時，糞便中的各種細菌，會隨著沖水的氣流，往上沖射並飄落在檯面上，造成檯面的物品細菌滋生。所以，一定要養成沖馬桶前先蓋上馬桶蓋的習慣。

廁所對房間所造成的影響，要視廁所門與房間門距離的遠近而定。距離越近，影響越大；距離越遠，則影響會大為減輕。但筆者認為更重要的是，平日就要保持廁所的通風乾燥與整潔乾淨，如廁後必須蓋上馬桶蓋後再沖水，並記得要關上廁所門，及打開對外窗通風。此外，廁所門加裝過膝長簾，就可以化解廁所門與房間門相對的問題，一方面可「去形除煞」，眼不見為淨；一方面過膝長簾可以阻絕廁所的穢氣和濕氣。

因此，對於古人所立下的風水之法，要學習其立法的原則，而不是拘泥在那個時空背景下所立下的古法，要思考這些看法與做法，在現今的社會是否仍合時宜，對於風水上的看法，必須要能與時俱進。

換個角度思考，主臥室裡就有廁所，比主臥室外有廁所，更值得注意。主臥室內的廁所離床鋪近，如果沒有做好適當的化解，對房中之人的影響則更大。但無論廁所在房間外還是房間內，都可以依照上述方法，將廁所門與房間門相對，或是廁沖床的影響降到最低。

這也就是筆者一向所強調的，要推廣風水上的正知正見，用正確且與時俱進的思維，看待風水的問題，提出合理且合邏輯的化煞之道。筆者的這種思維貫穿全書，無論是對於煞氣成因的分析，或是提出對煞氣的化解之法上，都是抱持著這種看法與態度。

風水源於《易經》，而《易經》是古代聖賢以宏觀的方式，仰觀天象、俯察地理與中觀人事之後，所得到的體悟。《易經‧繫辭》云：「**在天成象，在地成形**」，人在天地之間，為三才之一，受天地陰陽之氣交感，陰陽之道與人息息相關。人與天地合為一體，人是大地的縮影，此即「天人合一」的體系及觀念。

而風水既然源於《易經》，當然也是屬於「天人合一」體系下的範疇，陰陽五行也同樣地為其核心思維。因此，可以透過平衡陰陽，及對五行的增旺及化洩之法，調理居家風水陰陽五行的平衡，並達到催吉與化煞的效果。

風水會對人的生理和心理產生影響，所以透過好的風水佈局，可以調整陰陽五行失衡的磁場，也可以調整因為格局不良所造成的煞氣問題。就如同使用中藥治病一樣，中藥的藥性，有溫熱寒涼等不同的屬性，如屬於虛寒體質的人，就可以喝些溫熱性質的補湯來溫補陽氣，稱為「寒者熱之」、「虛者補之」；而體質較燥熱的人，就可食用銀耳、麥門冬之類的食材或藥材以滋陰潤燥，此即「燥者潤之」。

中醫治病，就是運用陰陽五行為身體做調節；同樣地，風水的調整，也是運用陰陽五行，為房宅進行體質的調整。中醫講「補虛洩實」，不足的要補，而太過或凝滯不通的情況，則要洩要通。居家風水也是如此，透過對房宅內外格局及理氣的認識，來瞭解房宅的氣場，才有辦法進行調節。

譬如居家陽光太刺眼，或對面大樓玻璃幕牆有「反光煞」，就可裝設厚重窗簾以遮擋，此為「以陰治陽」；反之，若客廳光線不足而產生「暗堂煞」，就可加裝電燈照明以增加家中陽氣，此為「以陽治陰」。這就是陰陽平衡之法的運用，簡單且實用。

又譬如居家的東方氣場能量不足，可在居家東方擺放水象物品，即是應用五行中水能生木的原理，這是屬於「虛則補其母」、「滋水涵木」的五行相生之法的運用。

也可以在居家東方，擺放大型植栽、原木工藝品以增旺氣場，這是木木比和增旺的應用。將相同五行屬性之材質、顏色、形狀、數目的物品，整合起來綜合使用，就是「同聲相應，同氣相求」的具體運用。如擺放三盆綠色植物，可以提升增旺木氣，因為數目三為先天河圖的「木數」，綠色在顏色五行中也屬木，所以三盆綠色植物，無論在材質、顏色、數目上，均與五行的「木」相應，相應則會產生較大的影響力量。

在理氣格局上，如果遇到一級煞氣「二黑五黃煞」，容易引發疾病及意外血光之災，可擺放銅鈴或六個銅幣做化解。由於「二黑五黃煞」是屬於「土煞」，所以可藉由銅鈴或六個銅幣的金屬性，化解過度的土煞，這是屬於五行相生中「實則洩其子」的應用。以上的例子，就是運用五行生剋之法，對居家氣場能量「補虛洩實」的調節。

人的身心健康，與飲食、生活型態、運動、心態、人格特質均有關係，本書由風水的角度，解析身心健康的問題。會造成生病的原因有很多，但如果疾病或意外血光的成因，是單純地由於居家風水問題而產生，當然可以透過改善風水，及調整居家環境的陰陽五行，就能治療或緩解因不良風水格局或理氣所產生的疾病。

閱讀完本書後，讀者就能自我檢視居家內外環境及理氣格局，辨識出影響身體健康的煞氣，進行化解並做出實用有效的風水佈局。藉由陰陽平衡與五行生剋的調整，對房宅氣場進行「補虛洩實」，從而達到「趨吉避凶」，讓家中能藏風納氣，身心能平安喜樂。

當然，筆者在此也必須聲明，疾病產生的成因極多，風水致病的因素，只是其中之一。因此，切不可認為調理風水後，就可以不用注重身體的保養，或是生了病也無須就醫，果真如此就淪為風水迷信。因為風水不是萬能，就算是調理風水後，也只是處理風水致病的因素，但還是有其他可能導致疾病的因素，要找出真正的病因所在，才能對症下藥，這才是面對疾病的正道。

貳

創造丁財兩旺的風水之道

貳

創造丁財兩旺的風水之道

在探討風水病之前，我們必須先要瞭解什麼是好的居家風水環境。對此有了基本認識後，就可以當作是一個參照值，不符合這個標準的居家環境，自然就沒有那麼理想，也會影響居住者的財祿運勢與身心健康。

鑑定好的居家風水標準，就如同鑑定古董一樣，重點要放在如何鑑識真古董的原則及方法，無需瞭解什麼是古董贋品，因為造假的方式千百種，若只是著重在學習如何辨識假貨，這種做法反而是本末倒置。

好的地理磁場，有助於人的身心靈平衡與和諧共振。身心靈能達到平衡，自然宅中之人的頭腦清楚，思考清晰敏捷，身心狀態良好，處事就會做出正確的決斷。對人丁興旺、身心健康與財運亨通，均有所助益，這就是風水上常聽到的「丁財兩旺」。丁即是指人丁，財是指財帛、錢財。

反之，若是居家環境不佳，就容易產生各種有形與無形的煞氣，對宅中之人的健康或財運都會產生影響，就容易造成「丁財兩敗」、「財散人不聚」的結果。

追求安全舒適的居家環境是人心之所嚮，而人在本能中，也有判斷風水磁場吉凶的能力。有些人在買房子前，會先靜下心來感受這間房子的氣場，與自己是否契合，感受是否舒服自在，以此判斷這是不是他們想要的房子，但現在許多人已經失去了這種直覺的感知能力。雖說如此，就算自己的直覺感知能力不強，也可以透過學習風水之道，掌握判斷的原則及方法，幫助自己做出正確的選擇。

選擇一個好的居住環境，或營業地點至關重要。譬如要開一間餐廳，若是選擇到不佳的地點，如臨近垃圾場或雜亂不堪的區域，即使租金便宜，但顧客願意上門嗎？而且外環境惡劣，存在著強烈的味煞，衛生問題也令人堪憂。

又譬如要建立一座禪修的道場，可選擇在山明水秀、充滿靈氣的山林之地。讓人來到此地，就能感受到寧靜的禪修氛圍，身心在此得到沉澱安頓。若是道場需要設置在喧囂的鬧區中，則要考慮要有完善的隔音設備，如裝設雙層隔音氣密窗，否則想要追求寧靜，耳邊卻不斷出現嘈雜的聲煞，也是不甚理想。

因此，如果不幸地住在較不理想的環境，面對各種有形與無形的煞氣，則必須透過「遮、擋、化、閂、避」等方法加以化解，將可能發生的災禍問題減小，以趨吉避凶，這就是學習風水的重點。風水這門學問可以讓我們瞭解環境對人的影響，進而藉由適當的風水調理以改善居家環境，並提升氣場。

一、風水真義，藏風界水

尋找好的風水居住環境，是人的本能，也是一種追求安全及遠離危險的需求。就如同到野外露營或求生訓練時，會尋找安全且能遮風避雨的地方，如洞穴之地以遠離毒蛇猛獸；或鄰近水源地以方便取用飲用水。搭帳篷處的周圍會灑上石灰粉，形成如「結界」般的保護，可避免蟲蛇侵擾。

而一般人在家時，會拉上窗簾或紗簾，以避免被別人窺視，其實這也是來自於心中的「不安全感」。如果沒有窗簾遮擋的話，肯定會睡不安穩。窗簾對外產生了一種屏蔽作用，也是一種「結界」的保護象徵。

因此，風水上強調「藏風納氣」的重要性，一個好的風水氣場，要能夠「藏好風，納吉氣」。能「藏風納氣」的居住環境，不但會讓人產生安全感及舒適感，也有益於身心健康，而帶來好的運勢及財富。

風水學權威古籍《葬書》有一段經典名言，被後世許多人所引用。《葬書》云：「**氣乘風則散，界水則止。古人聚之使不散，行之使有止，故謂之風水**」，這一段話正說明了風水的重點。筆者對以上這段話，分析如下：

1. 氣乘風則散：

帶有生機的「生氣」，遇到強風就散了。風是「生氣」的載體，只是一個交通工具，微風、和風、徐風能載氣，而若是遇到強風或疾風，就不是好的交通工具，會將「生氣」吹散，而無法產生生機。

2. 界水則止：

「生氣」遇到水就會停止，「生氣」的能量，會在此處停留蓄積。

3. 古人聚之使不散：

古代通曉風水之道者，會讓這種可以帶來生命能量的「生氣」，盡量使其聚集蓄積不消散。

4. 行之使有止：

雖然不可使「生氣」消散掉，但也不能讓氣機停滯不通。若密不透風或空氣不流通，就會形成死氣沉沉的窒息感，而不是有生命力的「生氣」。以居家風水而言，氣必須要「行之」，即讓此「生氣」能流暢地將能量注入家中的每一個角落。該流動時流動，若希望「生氣」能多加停留，就可以透過「水」的作用，如利用水缸、魚缸、流水盆……等帶水的物品，讓「生氣」稍加停留。因為水氣會蒸發，遇到陽光有蒸騰氣化的作用，自然形成一道水牆般的氣場，「生氣」就會在這道水牆氣場處停留蓄積。

5. 故謂之風水：

因此，這稱為「風水」之道，此即「風」和「水」在風水上的真義。

這一段話可以說是把風水的意義，說得簡單清楚。明白了這個基本原理之後，就可瞭解「聚氣」、「行氣」、「界水」等概念，在風水堪輿中的重要性。

風水師在找尋山巒的「龍穴」時，就是要找出「龍脈」的「生氣」，最後會停蓄凝結在哪個穴點上。「龍脈」以現代的理解，即山巒中蘊含著一股靈氣的能量，而這種能量如同龍的靈動一般，會隨著山脈的走勢變化遊走。但遇到橫行的江河時，就會將這條龍脈的氣脈攔截住，使該龍脈的能量「氣界水則止」。而其精華之「生氣」，則會在此山水相交的水口處停留蓄積，而形成「結穴」，此即「山止水聚必有穴」。所以，依山傍水、山明水秀的地點，通常就是好氣場，好氣場就會「地靈」。而這樣的「地靈」，就會孕育出優秀傑出的人才，這就是所謂的「地靈人傑」、「鍾靈毓秀」。

依山傍水的藏風納氣好風水

在家中若是想讓「生氣」停留久一些，也可以透過適當的風水佈局，達到藏風納氣的效果。許多風水師強調在進門四十五角的兩面實牆的夾角處，是「象徵性明財位」的位置，這是屬於格局財的財位。這個位置不可以開窗，一開窗就會「財位見光」，財氣就散了。也不可以有冷氣機空調設備，因為冷氣機一打開，則氣會被吹散而無法聚氣。在這兩面實牆的夾角範圍中，要有雙臂張開的距離，才能有效地將「生氣」攔截住。

在這「象徵性明財位」的位置上，如果不是實牆，而是大面落地窗、窗戶或冷氣機的話，則代表「財位見光」。可以在這個位置上，藉由魚缸、流水盆的擺設，透過水的蒸騰氣化功能，以形成水牆氣場，將「生氣」攔截而達到「氣界水則止」的功效，這也是一種補救辦法。但要注意流水盆的位置，水流方向要朝屋內，否則會有漏財的危機。也有些人會在此擺放大盆植物，藉由植物向上生長生機盎然的氣場，將「生氣」攔截住。植物要經常澆水，水可以讓氣「界水則止」，這也是個好辦法。

要營造出藏風納氣的好居所，就需要注意室外及室內的「生氣」流動是否平和通暢。太快的強風或疾風，會讓這種有生命能量的氣散掉，如戶外有天斬煞、巷沖、凹風煞、壁刀的風切，這種強風或寒風向著自宅襲來，會使宅中之人容易產生如頭痛、受風寒……等問題。

由於「氣乘風則散」，好的能量就不易聚集。

前文已提及，風不等於氣，徐徐的和風，對生命之氣而言，是一種好的搭載工具，但強風或疾風就不是好的交通工具，會將氣吹散，而無法產生生機。若居家住宅孤立於山巔，四周沒有山陵、樓房或樹木做為自宅的屏障，就會造成「八風吹」的結果。四面八方的風，都會向著自宅吹襲而來，因而無法藏風納氣，會對居住者的健康及財運，產生極為負面的影響。

對房宅的內環境而言，常聽到的風水諺語－「**陽宅第一凶，最忌穿堂風**」，即若是打開大門，就看到整面落地窗陽台，代表氣一進到家中，就因強烈對流，直接從陽台洩了出去。或是兩面牆的大落地窗相對，也是同樣的狀況，氣流直進直出，氣很容易散掉而無法藏風納氣，這種煞氣就稱為「穿堂風」。

風水上對於氣流和水流的看法，都是喜歡「曲則有情」，而忌諱直沖。

住宅孤立於山巔，無法藏風納氣

大門正對落地窗陽台，形成「穿堂風」

兩面落地窗相對而形成「穿堂風」，採光雖好，但容易散氣

居家風水上對穿堂風的化解法，會採取在進門處設置玄關或擺放屏風，或在落地窗前擺放植物，或用厚重窗簾遮擋，窗簾寬度需長達整個手臂的範圍。目的就是要讓生氣在家中停留更長的時間，以增強家中的能量。

因為氣具有穿透性，它可穿過透光與透氣的材質。所以，玄關與屏風的設計與材質，必須是不透光且不透氣，而且要大於大門的寬度和高度，才能讓氣流改道，達到氣流「曲則有情」的效果。

風水上講究「藏風納氣」，簡單的理解就是，氣要能夠流動不凝滯，但也要能蓄積停留，居住的環境要能聚氣，若不能聚氣，則會財散人不聚。一個好的氣場環境，不但對身心有幫助，也有利於財運。以外環境而言，自宅的四周圍在適當的距離內，要有適當高度的山陵或樓房遮擋，讓自宅不受強風吹襲，氣才不會四散而不聚。

但「藏風納氣」並不是完全沒有風，若密不透風，就會造成死氣沉沉而缺乏生機。好的風水之地一定是要能通風，空氣可以流通，但要避免疾風或強風吹襲，如避開天斬煞的強風，或強風沿著壁刀吹入而形成風切現象，造成住宅磁場的不安定。在立穴時，不能將穴朝向兩山之間的凹陷處，以避免「凹風煞」的危害。強風會循著凹陷處吹襲至穴場，當然就無法「藏風納氣」，生氣被吹散了，就會造成丁財兩敗。

前文提及「生氣」的另一個特性是「界水則止」，即遇到有水的地方，氣就會停蓄在那裡。這也是為什麼有些風水師會建議擺放魚缸，其原因之一，是藉由魚缸中水氣蒸騰氣化的動能，

而產生水牆以達到藏風聚氣的目的。

在居家環境中，若能規劃藏風納氣的格局，善用水流將「生氣」停蓄的功能，佈置適當的「動水局」，就能在各方面「風生水起」。所謂的「動水局」，即在屋宅的範圍內造水，設計出會流動的水景，如有些人會在屋宅的前方造水池；或在屋宅左前方，做一個小池塘的設計；或在宅前設計循環水泵的水龍頭造型，水流朝向屋內流動。其目的即是將生氣引入家中，以招財水。

在室內如果要佈「動水局」的話，最常使用的方法是擺放魚缸、流水盆風水球，有些風水師則會建議委託人在大門口玄關處，擺放流水盆風水球，以引財氣入屋。記得流水盆的水流要往屋內流，才不會造成漏財。流動的水動能極強，但水能載舟亦能覆舟，佈「動水局」要極為慎重，以免招財化煞不成，反而遭致禍殃。

此外，我們也可以思考另一個問題，因為氣有「界水則止」的特性，而人的身體有百分之七十的水，那麼家中的氣，是不是會因為人身體內的水，而停留在人身上，進而影響人的磁場呢？答案是肯定的。由於居家環境的氣，會停留在居住者的身上，所以這個氣的好壞就相當重要，是吉氣還是煞氣，對一個人的健康與運勢，都會產生相當大的影響。待在家中的時間越久，影響就越大。

當居家風水不佳時，對居住者的健康和運勢都會產生不利的影響，這是由於居住環境的氣場不佳，人體不能夠吸收好的微波能量，頭腦會思慮不清，就容易做出錯誤的判斷，整個身心靈的穩定度和人際關係也會變差，從而影響到自身的財運和事業發展。

因此，如何營造出「藏好風、納吉氣」的居家環境氣場，就非常重要，攸關家庭人倫關係是否能和諧，家人是否能健康平安，財運是否能亨通興旺。

二、青龍白虎，四象和諧

風水上有一個名詞，稱為「尋龍點穴」，即先尋找辨識出山脈中的「真龍」，再找出「真龍」上的「龍穴」。風水師循著山巒龍脈的變化軌跡一路探勘，龍脈在前行的過程中，山脈形態會不斷地變化，稱為「剝換」。即由老龍變成嫩龍，由嶙峋崢嶸的「太祖山」，一路剝換到形態良好飽滿圓潤的父母山，父母山即穴場後方「玄武山」的下一節山巒。若父母山能由左右兩旁向前方發出支脈，形成左青龍脈和右白虎脈，則稱為「風水開帳」，開帳就如同是打開帳篷一樣，在這個開帳中的位置，就有可能會結成好的穴場。

在「風水開帳」後，還必須要透過種種的「證穴」法，如明堂證穴法、朝山證穴法、龍虎證穴法、天心十道證穴法……等，以確認這是「龍真穴的」的真穴，而不是假穴。古人把標靶的中心稱為「的」，所謂的「穴的」，是指精準地找出穴點，且該處的結穴為吉穴。

「龍真、穴的、砂環、水抱」的條件，對於判斷是否是生氣凝聚的高能穴場所在極為重要。以上為尋找龍穴的簡述，僅是給讀者一個粗略的概念，龍穴的先決條件，重點是「龍要真」，符合這個先決條件之後，再加上有「砂環、水抱」的外環境，就可說是一個好的風水寶地。所謂的「砂環、水抱」是指在穴場兩旁有山丘環護，穴場前有彎抱的有情水。在這樣藏風納氣的環境中，不管是對陰宅穴場或陽宅居家風水而言，都能帶來好的運勢。

風水上常可聽到的四靈山訣：「**左青龍、右白虎、前朱雀、後玄武**」，這又稱為「四象」。「四象」的形態要美善，位置要恰當，整體感要能平衡和諧。

以居家風水而言，最理想的「四象」外巒頭格局應該是：自宅前方的「朱雀方」要空曠，此處又稱為「明堂」；但前方稍遠處要有山丘或樓房做為屏障，古代稱為「案山」；更遠處若有更高的山陵或樓房，古代稱為「朝山」。案山和朝山的作用，是要讓氣聚於明堂之處，才不會讓氣散掉。

自宅左邊的山丘、樓房或大樹林，稱為「青龍山」或「青龍砂」；自宅右邊的山丘、樓房或大樹林，稱為「白虎山」或「白虎砂」。風水學上的「砂」，是指在穴場、陽宅的前方或兩側的山丘。在城市中，高人的樓房或公園的大樹林，都可以視為「砂」。

自宅前方水流的流向，若是由右至左，那麼左方的青龍砂就是「下手砂」，則青龍砂宜長而白虎砂宜短，如此白虎砂才不會擋住來水，方可以納財；而青龍砂宜長，如此才可形成「去水口關攔」，而能鎖住去水口，也代表可以聚財。

若自宅前方水流的流向，是由左至右，那麼右方的白虎砂就是「下手砂」，則青龍砂宜短而白虎砂宜長，此時的白虎砂為「去水口關攔」。若是該堂局的青龍砂長而白虎砂短的話，由於「**天門閉，地戶開**」的緣故，既無法納財，更無法聚財，該處就不適合建宅。因此，青

明堂開闊，前有河流環抱，河流後有案山、朝山，可藏風納氣

龍砂不一定需要比白虎砂高且長，要視自宅前方水流的流向而定。

因此，如果自宅前方有河流的話，宜見來水處寬大且水流豐沛，而在河流的下手處，即去水口處，要有山丘、樓房或大樹林做為「水口關攔」以鎖住去水，此為「**天門開，地戶閉**」，這就是一個旺財且聚財的格局。

左青龍砂和右白虎砂，對自宅成擁抱護衛之勢，也是將生氣聚在明堂之中。屋後要有較高的山丘或樓房當靠山，稱為「玄武山」。

原則雖然是如此，但還是要注意比例原則，朱雀方要空曠，但若太空曠沒有屏障的話，就會洩氣而無法藏風納氣。屋前要有案山、朝山，但案山不能太近，太近就會開門撞山壁，容易短視而不利前途。左右方的青龍白虎砂，及屋後的玄武山，也不能太接近自宅，否則會造成逼壓；但若是距離太遠，也會造成洩氣而無法藏風納氣。

因此，風水上不但要講究山的形態美惡，相對的位置也很重要。如果位置太過疏遠，就無法藏風納氣；若是太過接近，則會形成逼壓。如同人與人之間若是太過疏遠，就顯得漠不關心；若是太過關心，對方又會感到壓力，反而會讓對方不敢接近。凡事都要適度，有適當的距離，才會產生美感。

若是左方的青龍砂偏高的話，建宅的地點，最好能往右方的白虎砂靠近一些，才不會形成青龍砂的逼壓。若是屋宅周圍有嚴重的煞氣，在可能的情況之下，要盡量避免選擇這樣的房宅，因為這種外煞，也不見得都可以化解，譬如說房宅正前方有一座大山，或一棟緊鄰的大樓，造成開門撞山或開門撞壁的狀況，這種大煞氣是化不掉的，最好就是三十六計走為上策。

高大的樹林為砂，房宅左右龍虎砂形成逼壓之勢

房宅後方的山巒過於高大，對房宅形成高壓

若是自宅後方的山巒來龍氣勢很強，但自宅前方明堂狹窄不夠開闊，沒有一個足夠範圍的緩衝區域，在這個地方建宅，反而會招來凶煞，因為承受不住這股強大氣場能量的緣故。舉例來說，一輛急速行駛而來的車子要緊急剎車，需要有一段剎車距離，才能夠停得下來，所以緩衝空間很重要。

因此，風水上不但重視藏風納氣，也很重視陰陽平衡。前方朱雀低平，而後方玄武高起，形成一低一高；左青龍和右白虎，視水流方向講究一長一短。前文提及「四象」與自宅的距離若比例適當，即是陰陽平衡的呈現。四象和諧，陰陽平衡，才是好的地理氣場。

前文提及「龍穴」，是生氣凝聚的高能穴場所在。「龍穴」是形容穴位的尊貴，並不是說裡面真的有龍。為什麼會尊貴呢？是因為穴中能藏風納氣，所以能凝聚高能氣場。以人體的經脈系統而言，也存在著某些「龍穴」。舉例來說，人體有一個穴位，稱為「合谷穴」，這個穴位的主治功能極多，是人體的「四總穴」之一，稱為「面口合谷收」。即有關頭面的所有問題，都可以針刺這個重要穴位，以進行能量的調節。「合谷穴」和肝經的「太衝穴」合用，稱為「開四關」。即說明了「合谷穴」的重要性，如同主要的電閘門開關一樣，如果人體系統出現問題，就可重啟這個開關以進行修復。

我們來分析「合谷穴」為什麼會有這麼強大的功效呢？是因為它位於一個非常聚氣的位置，在食指和大拇指之間的虎口凹陷處。想像一下，若將「合谷穴」當作是一個地理上的風水穴場，食指和大拇指的相對位置及形象，像不像是左青龍砂和右白虎砂呢？而「合谷穴」的後方，即食指和大拇指的交接結合處，像不像是玄武山呢？「合谷穴」這個人體身上的龍穴，為何能量極大，是因為有左青龍砂、右白虎砂及後玄武山的環護，所以能藏風納氣，將生氣凝聚在這個穴場之處。這個穴位，就如同位在山脈環護的山谷之中，所以稱為「合谷穴」，名字命名的非常恰當。

「合谷穴」後方接近食指和大拇指的交接結合處，是一個「董氏奇穴」中常用的大穴，稱為「靈骨穴」。主治功能相當強大，全身的疾病幾乎都可以使用這個穴位做調節，主因也是由於它位於能藏風納氣之處，所以穴場的功能強大，這就是身體經脈上的「龍穴」。

如果我們觀察身體四肢的重要著名穴位，都有這種特徵，通常是位在關節附近，穴位兩旁有骨頭合圍。如手肘關節的「曲池穴」，曲肘時有肱骨和橈骨、尺骨在穴旁交會，形象上也如左青龍砂、右白虎砂環護一般，而肱骨外上髁在曲池穴後方，即如同後方來龍的玄武山。

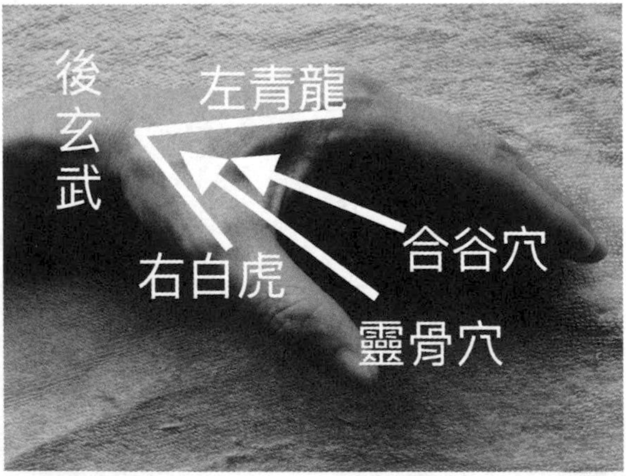

此外，在膝關節附近的「足三里穴」也是如此，後有膝關節做為玄武山，左右有脛骨、

腓骨做為青龍砂和白虎砂。前文提及的「開四關」的「太衝穴」也是如此，後有踝關節做為玄武山，左右有第一蹠骨和第二蹠骨做為左右龍虎砂。若讀者對以上所提及的穴位有興趣，可上網自行搜尋穴位的生理解剖位置，以幫助瞭解。

而在人的臉上也有四靈山的形象，我們可以想像一下，以鼻子為穴山，額頭就是玄武山，左右高起的顴骨就是左青龍砂、右白虎砂，下巴就是案山，如果時常保持微笑，嘴唇就形成玉帶環腰的彎抱水，如果常常板起臉孔，嘴角下垂，就成了反弓水，這是不是非常形象化呢？

風水和中醫有其共通之處，推至極致就是「天人合一」的體現。在這個體系下，陰陽五行自然會相通而有所連結，而天道、地道與人道也是相通的，天、地、人三才合一，這之間的規律是一致的，所以古人可以藉由觀天象、明地理而曉人事。中醫和風水的智慧，都是建構在「天人合一」的體系上，透過「同聲相應，同氣相求」的原理，對萬事萬物做出了歸類，諸如八卦與地理、人事、臟腑、五行……等種種對應。

若能體悟到「天人合一」的道理，在改善風水的外環境時，也應學習天地德行，不斷提升自己的內德，如此才能相應，福人才能居福地。那要如何學習天地的德行呢？《易經》云：「**天行健，君子以自強不息；地勢坤，君子以厚德載物**」。一位君子透過觀天象及明地理中，應法天配地，學習天道自強不息與地道厚德載物的精神，以涵養自己的德行。

三、山水有情，陰陽平衡

「**一方水土養一方人**」，不同的風水地理環境，會孕育出不同的人文素養與民風性格，這是以大環境而言。如住在北方的人民，個性就較為剽悍，譬如有「戰鬥民族」之稱的俄羅斯民族；而在南方的水鄉澤國之處，就會有較多的文人雅士、騷人墨客。

風水環境對人的影響極大，所以找到好的風水環境，不管是對穴場或居家風水都極為重要，而且要鑑定在穴場或居家周圍的山巒，以及河流的方向，對「我」（指穴場或自宅）是否有情。如果面對的砂水，是「無情山」或是「無情水」的話，這些煞氣會對該穴場或居家風水，產生負面的影響，則該地點就不是一個適合立穴或建宅的理想處所。

居家附近的山巒，一定要草木扶疏，生意盎然，才是好的氣場。若是山巒草木不生，或是看起來病懨懨的，這座山巒就是一條病龍，當然就不可能會出現龍穴。前文已提及，龍穴只會出現在真龍身上，只有在「龍真」的前提下，才有可能會結出「穴的」的龍穴。

中醫的「藏象學說」提到：「**有諸內必行諸於外**」，是指在臟腑中的種種情況，也同時會在人體的外相上呈現出來。因此，藉由中醫診法的望、聞、問、切，可得知臟腑功能是否正常。

中醫相當重視面部的診法，面診除了要觀察面部氣色的變化之外，同時也要看是否有光澤，有光澤就「有神」，有神就有生機，代表正氣未衰，人還有救。把脈也要察看脈象是否有神，脈象不疾不徐，柔和不堅硬則「有神」；反之，一個人若是面色晦暗無澤，神態萎靡不振，這就是「無神」的表現。脈象若是過於快速且堅硬，也是「無神」的表現。若患者罹患疾病，整體出現「無神」的表現，治療的效果也會較差。

萬事萬物的理路是相通的，「**在天成象，在地成形**」。以風水的道理而言，山巒的草木，就是山巒的「光澤」與「神」。若是草木稀疏枯黃，亂石嶙峋，代表此山巒為「病龍」，所呈現的外在氣場不佳。既然龍不真，也就無法結出好穴，風水師就不用浪費時間進山做風水堪輿了。

風水上強調「**山管人丁，水管財**」，意謂著穴場或居家周圍山巒氣場的好壞，會影響家中人丁的興旺與健康；水流的好壞，則會影響家中的財運。若是居家周圍的環境是「有情山水」，就會地靈人傑，財運亨通；反之，若是居家周圍的環境是「無情山水」，則會造成「財散人不聚」。

什麼是「有情山水」呢？在分析這個問題之前，我們先來探討一下什麼是「有情」和「無情」。以人事來做比喻的話，所謂的「有情」，就是對我有感情的，這些人、事、物是來幫助我、鼓勵我和護持我的。對我而言，他們的出現，就是有利於我的「貴人」。

而什麼是「無情」呢？就是對我沒有感情的，這些人、事、物是來陷害我、詆毀我、背後扯我後腿的。對我而言，他們的出現，為不利於我的「小人」。而另一種類別的無情之人，是指他們雖然不會幫助我，但也不會傷害我，只是跟我沒有感情，對我而言也是沒有任何加分效果。

在風水堪輿中的重點，不管是穴場或是居家風水，都是以「我」（穴場或自宅）為中心

山水有情，才會地靈人傑，財運亨通

點，來分析外在的砂水與我之間的配合關係。如果外在的砂水有利於我的，就是屬於「有情山水」；若是外在的砂水對我不利，就是屬於「無情山水」。

舉例來說，不管是以穴場或是居家風水而言，前方案山的美惡都是極為重要。所謂的「一案證真穴」，代表透過分析案山的美惡形態，及與穴場的距離等因素，即可以判斷證明這個穴場，是否是「龍真穴的」的龍穴。

但若是案山的角度，不是在我的正前方與我平行，而是呈大幅偏斜的角度，這種案山就算是再美，也是無情於我。因為案山角度斜走，即是離我而去之意。雖然它不是一種煞氣，但是對我而言也沒有幫助。

判斷穴場或自宅周遭的山水是否有情，一般都是以其形態，及與穴場或自宅的相對位置做分析。如果周遭山水的形態美善，如山巒秀美或河流清澈乾淨蜿蜒，且與穴場或自宅的距離適當，不會產生威脅性，氣場能量平衡和諧，具有藏風納氣的功效，此即「有情山水」。

以案山而言，山巒秀美且山形不破碎是「有情山」的基本條件，且案山的角度忌斜走，即前文提到案山對穴場或自宅必須平行，不能呈大幅偏斜的角度。案山也忌反背，即山形呈反弓背對於我，並不是呈現擁抱我的形態。而站在穴場或自宅觀察案山，最佳的案山高度，要大約接近雙眼平視的高度，即所謂的「齊眉案」。若是案山太過高大，或離穴場、自宅太過接近，就會形成逼壓；但若距離太遠，則失去了案山藏風聚氣的屏障功用。

以山體而言，朝向穴場或自宅的那一面要有情，有情山的形態，可為如竹筍般尖形的貪狼峰、或是半圓形的武曲峰、或為方形的巨門峰，要秀麗有光彩，並朝向穴場或自宅略呈擁抱之勢，此為「吉砂」；若是破碎歪斜或傾毀崩壞，如形態醜惡的「破軍山」，或反弓背向穴場或自宅而無情者，都是屬於「凶砂」。

以水流而言，宜見有「逆水局」的格局。「逆水局」即前方水流朝我（穴場或自宅）而來，如見階梯般的倉板水，或是形成「之」字或「玄」字形狀的「之玄水」，委婉曲折朝我而來，這是一種「吉水」。但若是雖然朝我而來的水流，但形態上並不是委婉曲折，而是直接沖射而來，也並未在穴場或自宅前方稍作停蓄，這就會成為帶有煞氣的「凶水」。

一般而言，風水上不喜歡見到「順水局」的格局。「順水局」即穴場或自宅前方的水流離我而去，既然離我而去，即為對我無情的「無情水」。「順水局」通常會造成家運敗退、破財漏財，如《立宅入式歌》云：「**面前水去最難當，定主外州亡**」，若是穴場或自宅前方的坡度越陡則越凶險。但若是穴場或自宅前方有山巒做為屏障關攔，因其案山有迴風返氣的作用，讓「生氣」可以返回到穴場或自宅，則反而為吉，所以必須要做綜合分析判斷，不能一概而論。

以下，分別簡述「有情水」及「無情水」的四種基本的水流形態，讓讀者有基本的認識。

「有情水」有四種基本的水流形態，即「交、鎖、織、結」。

交：兩條河流相會交流之處。

鎖：水流呈環繞的彎抱水形態，在河流的去水口處，有「下手砂」為「水口關攔」，鎖住去水。

織：水流呈「逆水局」，形狀如「之玄水」，屈曲如交織般。

結：眾水匯聚之處，水流停蓄澄淨。

而「無情水」也有四種基本的水流形態，即「穿、割、箭、射」。

穿：水流為橫流水，穿過左右龍虎砂或前方明堂。

雖為「順水局」，但前有案山關攔，可以迴風返氣

割：水流離穴場或自宅太近，沒有緩衝的空間，此即「割腳水」。

箭：水流急直，如箭射出離我而去，是一種「順水局」。

射：水流朝我穴心或自宅的正中或兩側沖射而來。

有情和無情的判斷，要以「我」所處的位置來觀察分析，絕對不可遠遠地站在另一個位置，判斷穴場或居家風水的吉凶，及砂水的有情或無情。因為根據所處的位置不同，看到的角度和視野就會不同，判斷也會隨之不同。這就如同住在海邊的汽車旅館一樣，同為一棟旅館，但因為所在的位置不同，就會看到不同的景觀，海景第一排看到的是海景，另一邊可能是看到游泳池，有些地方則什麼都看不到。

以穴場或自宅前方所面對的案山為例，會因為與案山的相對位置不同，而產生吉凶之別。風水上的諺語：「**伸手摸著案，腰纏千萬貫**」，說明案山的理想高度，是在我眼睛平視的角度，略抬起手似乎就可以摸得到的位置，不能太高或太低。當然，我們無法改變案山的高度，然而，可以藉由改變穴場或自宅的位置，以調整與案山的相對高度。

如果案山較高，穴場或自宅的位置相對偏低的話，案山對我而言就過高，會形成逼壓之感，此時就應該將穴場或自宅的位置，移至較高的位置；而如果案山較為低矮，穴場或自宅的位置相對偏高的話，案山對我而言就過低，無法對氣場形成關攔會導致洩氣，此時就應該將穴場或自宅的位置，移至較低的位置。所處的位置及看到的景觀不同，吉凶自然也就不同，呈現出有情或無情的不同結果。

雄偉的無情山，山壁嶙峋，險峻陡峭；聲勢壯闊的瀑布水流，浩大磅礡而懾人心神。這些山水奇景令人讚嘆不已，但這僅適合偶爾來欣賞體驗的觀光景點，並不適合在此地長期居住。

因為一般人承受不住險峻壯闊的氣場，偶爾來此感受震撼的氣場氛圍，可以增加人生閱歷。但若居住於此，山勢的高大險峻，會對房宅形成逼壓。且山壁嶙峋是無情山，若山脈沒有經過剝換，讓龍脈由大變小，從粗獷轉為秀麗圓潤，居家房宅位於此地，周遭的山脈會對自宅形成煞氣。聲勢壯闊、震耳欲聾的瀑布水流聲，亦會成為嘈雜擾人心神的聲煞，而快速奔騰的橫流水，也會難以聚財。雖說如此，這些地點卻很適合做為發展觀光的景點。

因此，風水的吉凶，要「以人為本」，取決於用途之所在。但是對住家而言，住家是我們休養生息的地方，應該要選擇在安靜和諧之處，若是太過險峻或嘈雜，那就不利於身心能量的恢復。

湍急且嘈雜的無情水

山壁嶙峋，陡峭險峻的無情山

瀑布水聲嘈雜

有情山水除了需要有以上所提及的外在呈現外，其中也需要具備陰陽結合之道，即「陰中有陽，陽中有陰」。

有靈氣的龍脈，必須要有山巒起伏蜿蜒的形勢，因為山體屬「陰」，山巒起伏屬「陽」。山巒要能夠起伏，才代表龍脈是活龍，而且充滿生機活力。起伏的形態，可以是上下起伏，或者是左右搖擺轉折，才是「陰中有陽」。若是一座山巒死板板的沒有變化的話，就不能稱之為龍。如果這座山亂石嶙峋、或是臃腫不靈活、或草木稀疏且枯黃，呈現一派陰象，缺乏生機活力，肯定也無法凝結出好的穴場，這是由於孤陰不生、獨陽不長的緣故。風水上極為重視陰陽氤氳交媾之道，講求「陰中有陽，陽中有陰」。

對水流的看法也是如此，要能夠陰陽交媾，才是屬於有生命力的水流。水流屬「陽」，因為水流會不斷流動且充滿動能的緣故。但如何才能找到水流中屬於「陰」的部分呢？關鍵就是在水流停蓄迴旋且安靜的地方，如湖泊或河流玉帶環腰的「水聚」之處。

在風水上對於氣流和水流的看法，都是「喜迴旋而忌直沖」。水流的迴旋之處，即為水流「陽中有陰」的部分。而水流聲如果太過嘈雜，或者是快速的橫流水，如萬馬奔騰、萬箭齊發般的喧鬧，這都是「陽」的表現，就沒有辦法體現出「陽中有陰」。既然無法陰陽相交，就不是「有

水流停蓄迴旋的有情水

遭開採而巒頭破碎的無情山

山巒起伏，陰中有陽；水流彎抱，陽中有陰

廢墟也是無情山

情水」的好局，會成為帶著煞氣的無情水。

「有情山」可以是秀美的山巒，也可以是富麗堂皇而充滿貴氣的大樓；「有情水」可以是乾淨清澈蜿蜒的河流、湖泊，也可以是乾淨的人工噴水池、游泳池。

「無情山」可以是光禿禿的山脈，山壁因砂石開採而被剷削，也可以是廢墟或久未整修的破落戶；「無情水」可以是骯髒汙濁的河流，或是久未清理的游泳池。

汙濁不通的無情水

久未清理的游泳池為無情水

四、巒頭理氣，相應則吉

在風水上，除了巒頭要能符合左右龍虎相稱，朱雀前明堂開闊，後有玄武為靠外，理氣的好壞也很重要。理氣是屬於無形的磁場，和房子的方位有關。

理氣雖然無形，但可以透過推算得知，是一門專門的風水學問。有好的外巒頭格局，再加上調整到好方位的房宅，就能接收到旺氣，成為真正的旺宅。

風水師在風水堪輿時，會站在穴場或房宅處，觀察分析周圍的巒頭形勢、方位、走向及範圍，包括前方近處的案山及遠方的朝山，與堂局的狀況；後方山脈來龍的方位，尤其是入首三節龍的形態，即穴場或房宅後方的三座山巒是否為吉峰，周圍是否有隨護的山峰；左青龍、右白虎的山丘護砂，環抱穴場或屋宅的狀況。也會觀察分析穴場或屋宅四周的水流範圍，以及來水和去水的方位，去水處是否有「水口關攔」。透過觀察巒頭和水路的方向，綜合分析外圍環境，所帶給穴場或屋宅的吉凶影響。

計算理氣的部分，則是在確認穴場或屋宅的座向後，根據房宅的元運，排出「宅飛星盤」，結合外巒頭砂水，推算理氣吉凶與地運長短，這就是「龍、砂、穴、水、向、運」的簡單敘述。

風水上強調「**山管人丁，水管財**」，若是透過理氣的計算後，在屋宅周圍該見到山的方位，可見到秀峰或富麗堂皇的樓房；而該見到水的方位，可見到秀水蜿蜒，這就是好巒頭配合上好理氣的風水寶地，這種好氣場能夠帶來人丁興旺、身心康寧與財運亨通。

除了房宅內外格局的好壞，會影響居家風水外，無形的理氣，對居住者的財運、運勢、健康，也都會產生影響。好的風水理氣能讓家中丁財兩旺；但不佳的理氣，則會造成丁財兩敗，財散人不聚。

如《紫白訣》云：「**二五交加，罹死亡並生疾病**」，這是25的退運飛星組合，提示著宅中之人會生重病，甚至有死亡之虞，對女主人尤為不利。《紫白訣》也提到：「**三遇七臨生病，那知病癒遭官**」，這是37的退運飛星組合，提示著宅中之人會生病，病癒後又有官司纏身的問題。《玄機賦》則提到：「**火照天門，必當吐血**」，這是69的退運飛星組合，提示著宅中的孩子不孝忤逆父親，導致父親怒火中燒；或父親有肺部疾病，咳到吐血。《玄機賦》也提到：「**風行地上，決定傷脾**」，這是24的退運飛星組合，提示著宅中之人會有脾胃消化系統疾病。

若是以上這些不佳的飛星組合，落在住宅的主要納氣口上，如大門口或陽台落地窗拉門處，且門外又有不利健康的景象，如見到反弓煞或隔壁鄰居的屋角煞……等。住在這樣房宅中，因其住宅的主要納氣口面對戶外的煞氣，再加上有著不利健康的理氣格局，宅中之人就容易生病，或發生意外血光之災。

在本書第伍篇〈風水理氣病—由飛星組合判斷疾病〉中，對不利健康的飛星組合，會有更詳細的說明，這些是屬於不良的理氣格局所影響的風水病。有興趣深入玄空飛星風水的讀者，可參考筆者的另一本著作《學玄空飛星風水，一本就上手》，以瞭解更多飛星組合的相關知識，為自己的居家做風水診斷及調理。

參

認識風水病與化解之法

參 認識風水病與化解之法

人的疾病可分為生理疾病、心理疾病……等身心失調的現象。人的生理發生問題後，心理也會受到影響，如身體能量低落時，容易產生憂鬱、煩躁……等心理問題；同樣地，當心理發生問題時，也會影響生理，如情緒抑鬱會影響脾胃功能。

生理疾病的產生來源很多，我們常聽到一句話，「先天不足，後天失調」，若是先天的體質不佳，再加上平日不重視身體保健，就容易造成百病叢生。失調的部分，包括不良的飲食習慣和生活習慣，如暴飲暴食、抽菸喝酒……等。或平日沒有做規律且適度的運動，所謂的沒有適度，包括了過度或太少，過度的運動也會導致能量的消耗。此外，有些疾病的成因，則是屬於居家環境不良所導致的風水病。

曾經有一位患者因憂鬱症找筆者就醫，筆者詢問該患者是否住在老舊的房子，房子周圍有很多大樹，家中通風不良且濕氣很重?她驚訝地說：「你怎麼會知道，是不是有去過我家?」筆者當然沒去過她家，也不是有什麼神通，只是聞到她的衣服上，有一股很重的濕氣及霉味，好像是從陳舊的祖母級衣櫃中拿出來穿的。

衣服的濕氣重，即提示了家中的衣櫃，及居住環境都很潮濕，在這樣的環境中居住，日子久了，難免就容易產生身心失調的問題，這就是屬於風水病。將濕氣重的衣服穿在身上，會讓不好的能量直接接觸身體，對健康極為不利。

筆者給該患者以下三個解決方案的選項：

方案一：換房子。

方案二：修剪並鋸低房宅周圍的大樹。

方案三：將臥室換到較為溫暖乾燥的房間。

她說第一種和第二種的方案費用太高，她目前無法做到，但她可以接受第三種方案。因此，筆者除了請她換房間之外，也建議她以下複合式的治療方案。唯有藉由綜合的調理，才會達到較理想的效果。

1. 盡可能地修剪房間窗戶外的樹枝，讓陽光可以照射進來。
2. 常使用壁爐生火，讓家中保持溫暖乾燥。
3. 常使用除濕機除濕，包括房間衣櫥也要除濕以保持乾燥。

4. 常到戶外曬太陽，且要經常將衣服、棉被拿到陽光下曝曬，以去除濕氣與霉味。

5. 將牆壁由天空藍的冷色系改漆為暖色系。

6. 房間可擺放鹽燈，以增加溫暖度及除濕除穢。

所以，治病不只是懂得開藥方，還必須要瞭解疾病發生的原因，這其中也包括要瞭解患者的居家環境所造成的風水影響。

另一個例子，有一位七歲的印度小女孩來就醫時，女孩的父親說，幾個月前搬來此地居住後，小女孩才開始有皮膚的濕疹問題，筆者進一步詢問的結果，才知道他們是住在沒有對外窗的地下室中，濕氣很重且通風不良。筆者告訴他們如果情況許可，要趕快搬走，如果暫時不能搬走的話，一定要用除濕機及空氣淨化機，以改善濕氣重及空氣循環不良的問題。這些屬於居家風水問題所引起的疾病，如果不先改善處理環境，再怎麼扎針或吃藥，都只是治標不治本。

許多疾病的發生都和居家風水有關，如床頭上方有壓樑、床頭後有窗、味煞、廁居中……等種種問題，都會導致宅中之人的身體產生毛病，必須要進行調理化解，才能根除病源。而有些問題，雖然不是屬於風水內外格局的問題，但也是屬於居家的環境問題所引發的疾病，如有些人搬入新家後，就開始產生病痛，原本以為是新家的風水格局有問題，但最後深入瞭解原因，是因為新房子的木質家具中含有甲醛。所以，如果不先解決甲醛殘留的問題，光靠扎針或吃藥也根治不了疾病。因此，要深入地瞭解疾病所產生的原因，才有辦法對症下藥。

風水病的產生，與住宅的內外巒頭所面對到的煞氣，及不良的理氣格局，有絕對的關係。以下我們就先來認識什麼是煞氣。要談煞氣對房宅的影響之前，首先我們要認識房宅內外的龍虎邊，因為在龍虎邊所面對到的煞氣，在風水上會對不同的家中成員產生相應的影響。

一、如何判別龍虎邊

大家常聽到「左青龍、右白虎」，可說是耳熟能詳朗朗上口，但究竟如何判別龍虎邊呢？現在筆者就透過照片圖示，讓讀者可以清楚瞭解龍虎邊的判斷法。可觀察室外與室內煞氣，對屋宅內外格局龍虎邊的沖射，而判斷會影響到哪位家中成員。

形煞的尖角沖射，如果沖射屋宅外的左邊，即左青龍的龍邊位置，會影響家中的男性及大房；如果沖射屋宅外的右邊，即右白虎的虎邊位置，會影響家中的女性及小房。所謂的對大房或小房的影響，是以較大的家族住在同一間房子而言。舉例而言，如果你的爺爺生了你的父親和叔叔，從你父親到你及你的兄弟姐妹這一支血脈，稱之為「大房」；而你叔叔到他的孩子這一支血脈，稱之為「小房」。形煞的影響，主要是影響居住在這間屋宅內的人，搬出去的家庭成員則不受影響；但若形煞沖射神位或祖先牌位，連搬出去的家庭成員也會遭殃。

讀者也可以逆向思考，如果家中都是男性方面的健康出問題，或是常發生意外血光之災，就要將重點著重在檢視家中的內外格局上，是否在屋宅的龍邊出現嚴重的煞氣；反之，如果家中都是女性方面的健康出問題，或是常發生意外血光之災，就要檢視家中的內外格局上，是否在屋宅的虎邊出現嚴重的煞氣。

1. 屋宅外的龍虎邊

從屋宅內往外看，屋宅外的左手邊是龍邊，右手邊是虎邊。

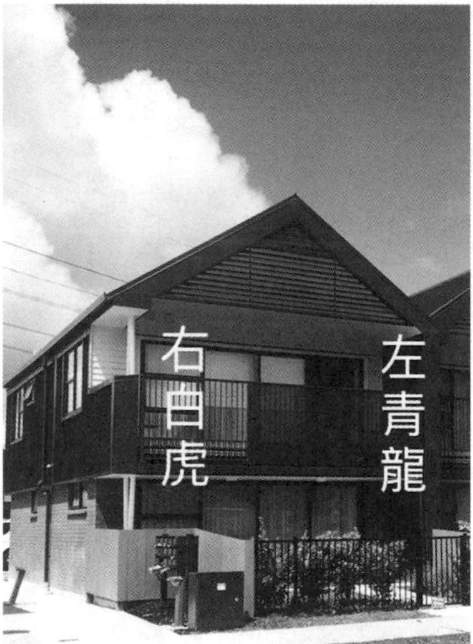

屋宅外的龍虎邊

2. 門的龍虎邊

從屋內往外看，面對大門或陽台，左手邊是龍邊，右手邊是虎邊。此外，所有屋內的門的龍虎邊判斷法，也都是如此。

落地窗陽台的龍虎邊

房間門的龍虎邊

大門的龍虎邊

3. 書桌、沙發的龍虎邊

坐在書桌、辦公桌、沙發的椅子上，左手邊是龍邊，右手邊是虎邊。

書桌的龍虎邊

4. 爐灶的龍虎邊

背貼近瓦斯爐開關點火處，也就是背對爐灶往前看，左手邊是龍邊，右手邊是虎邊。

沙發的龍虎邊

爐灶的龍虎邊

5. 神桌的龍虎邊

背對神桌往前看，左手邊是龍邊，右手邊是虎邊。

6. 床鋪的龍虎邊

躺在床上，左手邊是龍邊，右手邊是虎邊。

床鋪的龍虎邊

二、什麼是煞氣

「煞氣」是一個統稱，凡是會對自宅產生風水上的不利因素，或產生具有傷害性的負面能量，都可以稱為「煞氣」。有一類煞氣是眼睛看得到、鼻子聞得到、耳朵聽得到、身體感受得到，這類感官可以感知到的煞氣，歸為巒頭煞氣。這一類煞氣，包括了會造成實質傷害的煞氣，如壁刀的風切問題、水溝臭味、高分貝的噪音、陰氣森森的陰煞……等等。另一類的煞氣，雖然不會產生多大的影響，但會由於自我的心理暗示，而產生令人不安的感覺，如距離很遠的小樑，並不會造成壓樑的煞氣，但若是居住者自己疑神疑鬼，也會因而導致身心失調。

而有一類煞氣，是屬於感官感知不到，必須要透過理氣的計算才能得知的。如三煞方、歲破方、退運飛星組合、流年凶煞飛星加臨……等等。當外在的煞氣和不佳的理氣結合時，就會產生更明顯的凶應。

這些可以感知到的煞氣，可以分為形煞、光煞、聲煞、味煞、陰煞……等等。根據煞氣的大小、角度、顏色及距離自宅的遠近，產生不同程度的影響。

形煞：外形看得見，如路沖、壁刀、隔壁屋宅的屋角煞。

光煞：如對面大樓的鏡面玻璃反光、隔壁店面的霓虹燈招牌閃爍。

聲煞：如工地施工的噪音、大樓凹風煞鬼哭神號般的風聲。

味煞：如住宅旁有傳統菜市場，所飄進自宅的臭味、腥味與異味。

陰煞：無形界的煞氣，可以感知到陰氣森森。

對於煞氣，我們要有正確的態度與認知，不能看到什麼都覺得是煞氣，自己嚇自己而風聲鶴唳、草木皆兵。煞氣對我們的影響，跟它的大小、遠近、高低有關。如果煞氣所在的位置很低，而自宅所處的位置很高，或煞氣距離自宅很遠，都不會構成太大的影響。

以天斬煞或壁刀的風切現象而言，如果產生煞氣的大樓離自宅很近，影響就會很大；但如果距離自宅非常遠的話，就不太會構成影響。如何判斷風切現象是否會對自宅造成影響呢？有一個流傳的風水祕法，就是用點線香來測試。由線香的煙所飄散的方向，決定風切的大小。如果煙是裊裊直上，代表風切的影響不大，無須擔心；但如果煙被吹散開來，則代表風切的影響很大，會造成宅中磁場的不穩定，而無法藏風納氣，對居住者的運勢、財運和健康，就會產生不良的影響，這是一個很合理的測試法。

面對居家環境的煞氣，必須採取適當且正確合理的化解方式。譬如屋外緊鄰高壓電桶，或鄰近大樓的壁刀，難道懸掛「山海鎮」、「乾坤太極圖」，就不會看到高壓電桶或壁刀嗎？這不是掩耳盜鈴、鴕鳥心態的做法嗎？遇到大樓外的聲煞鬼哭神號，則需要加裝氣密窗化解，難道懸掛「山海鎮」、「乾坤太極圖」，就不會聽到這些噪音嗎？附近有垃圾場、菜市場，有異味、臭味、腥味飄入宅中，解決之道的首選是搬家。否則，就是要緊閉門窗，打開空調與空氣淨化機，及使用室內芳香劑與薰香精油燈，以降低味煞的危害。這些問題都不是懸掛「八卦鏡」、「山海鎮」、「乾坤太極圖」、「九宮八卦牌」……等民俗宗教物品可以化解的。

宅外緊鄰高壓電桶

化煞之法，可以用「遮、擋、化、鬥、避」等方法。鬥是指「鬥法」，意謂著針鋒相對，該法較為陰損，要盡量避免使用。其他的方法，可以針對煞氣問題對症下藥。如面對尖角沖射、反光煞、天斬煞……等屋外煞氣，可以在陽台或屋外種植植物遮擋，只要還可以看到天空就無妨。

面對不同的煞氣，必須採取適當且正確合理的化解方式。當煞氣是屬於有形的煞氣時，如大樓天斬煞或壁刀的強風，沿著牆壁不斷地吹向白宅，即使懸掛八卦鏡、山海鎮、乾坤太極圖或是九宮八卦牌，風切的狀況還是依然存在。這種有形的風力，對人體所造成的不舒適感，並不是使用這些民俗宗教化煞物可以解決的，應該要在陽台種植植物，阻擋這類的煞氣，類似防風林的概念，這樣子才能夠更實際有效地擋住強風對人體的傷害，並且要安裝氣密窗，這才是真正的風水解決之道。

又譬如出門看見柱子，或面對招牌尖角沖射的問題，即使懸掛民俗宗教化煞物，還是可以看得到這些煞氣，依然會產生心理上的不舒適感，像這樣子的狀況，是不是應該要採用遮擋的方式，眼不見為淨會較恰當。

而住宅若是緊鄰高壓電塔或住在變電所旁，就算是遮住了電塔的形煞，電壓輻射還是會對居住者的身心產生影響，所以遮擋也沒用，最好還是要趕緊搬家。

一般而言，壞巒頭必須要配合上壞理氣才會發凶。如果

住在高壓電塔旁的極惡風水

形煞雖然沖射到自宅的某宮位，而當該宮位有當令旺星時，原則上不發凶也不應吉；但當該當令旺星退運時，就會凶象畢露。此外，當流年凶煞飛星落在該宮位時，也容易激化凶應。這裡所提到的當令旺星的概念，在本書第伍篇〈風水理氣病－由飛星組合判斷疾病〉中，會有所說明。

如果在房宅內的某個區域或房間，可見到室外的煞氣，而該宮位的對外門窗的小太極飛星組合，又是退運山向星，就容易產生凶應。清朝蔣大鴻先生在《天元五歌‧論陽宅》提到：「**更有風門通八氣，牆空屋闕皆難避，若遇祥風福頓增，若遇煞風殃立至**」。陽宅的外氣，雖然可由大門進入，但只要是有空缺之處，如窗戶、玻璃拉門、鏤空的牆面……等，外氣也能由此進到屋宅。因此，納入的若是吉氣，則「**若遇祥風福頓增**」；而如果納入的是凶氣，則「**若遇煞風殃立至**」。

如果該宮位對外門窗的小太極飛星組合為退運山向星，在該年又有流年凶煞飛星加臨，凶應會更為明顯。因此，以下筆者所論及到的煞氣凶應，都是以此為前提之下所論述的。

若是室外煞氣是沖射到房宅的實牆，而不是沖射到門窗，凶應就會大大地降低。風水名篇《玄機賦》提到：「**值難不傷，蓋因難歸閑地**」，就是說明這個道理。為何能夠「**值難不傷**」？

原本應該會有災難發生，但為何不發凶，原因就是這個災難位於「**閑地**」。其一是該宮位不是家中的重要區域，如不是主要納氣口、主臥室或廚房，而是位在如娛樂室、客房、廁所……等較不重要的位置；其二是該方位是實牆，或是在該方位盡量不開門窗，讓凶煞之氣不被鼓動，凶煞之氣就會安靜地待在這個「**閑地**」而不發凶。

三、如何找煞氣

找煞氣不是往大門、陽台或窗戶外探頭出去，認真地一百八十度上下左右四處找，如此一來，肯定會找到許多煞氣，就沒有一間可以住的房子了。

以煞氣的影響而言，要從陽台落地窗或大門、窗戶往室內走三步，再以雙眼平視向外去看，能看得到的煞氣才算是煞氣，看不到的就無須處理。因此，九樓以下的煞氣，對住十樓以上的人員已經沒有什麼影響了，千萬不要探頭出去找煞氣。風水上很重視在同一平面上所看到的事物，稱為「平行受氣」，看得到的影響大，看不到的影響小，因為「眼不見為淨」的緣故。

譬如自宅位於十五層樓高，而煞氣是位在二樓高的位置，此煞氣對自宅並不會產生影響，所以無須擔心。

被煞氣沖煞的住宅，會影響到居住者的「丁、財、貴、壽」，即不利於人丁興旺、財運亨通、事業發展、健康長壽。一般而言，沖煞會對住戶造成健康及運勢的負面影響，通常都是健康方面先出問題，之後再導致運勢低落。當健康不佳而身心失調，專注力下降，就容易出現恍神的狀況，如開車恍神而發生事故。且做任何事經常都是不在狀態，當然會影響到旁人的觀感，而不利於自身事業前途的發展。由此可知，健康的好壞和運勢息息相關。

從門、落地窗或窗戶向屋內退後走三步，再檢視戶外有無煞氣

由於本書主要是針對風水與疾病的關聯做分析，所以不針對煞氣所引發宅運衰敗、漏財、官非、犯小人……等問題做闡述，僅著重探討煞氣引發疾病及意外血光之災的部分。

以下筆者列舉一些常見的室外與室內的煞氣，並會針對每項煞氣提出化解之法，做為讀者的參考。介紹煞氣的同時，也適時地說明風水的相關知識，以加強讀者的風水基本功。

四、致病的室外煞氣與化解之法

1. 開門見柱

陽宅三要素：「門、主、灶」，即大門、主臥室和廚房（爐灶），為陽宅風水堪輿及佈局的重點。風水名篇《玄機賦》提到：「**氣口司一宅之樞**」，「氣口」即房宅的主要納氣口，主要納氣口是房宅中最重要的樞紐位置。以傳統的建築而言，大門通常是房宅中的主要納氣口，《陽宅十書》中說：「**大門吉，則全家皆吉矣**」。

但在現代的房宅設計中，大門不一定是房宅的主要納氣口。因此，《玄機賦》提及的「氣口」，在現代的建築中，有可能是在大門口處，也有可能是在最大的採光面落地窗拉門處。

主要納氣口對房宅的吉凶，會起到相當關鍵的作用，是房宅內最重要的位置。在以宮位的飛星組合「憑星斷事」時，以主要納氣口宮位的飛星組合，論斷整體房宅的吉凶，通常也是最準確。

此外，從主要納氣口所見外巒頭（外格局）的形象美惡，也是至關重要。風水堪輿強調「巒頭為主，理氣為輔」，一般而言，巒頭的重要性佔了七十分，而理氣佔了三十分。因此，如果巒頭形象醜惡破碎，理氣即使再好，也是不太理想。

「站在大門口，福禍知八九」，在大門口見到柱狀物，稱為「見柱煞」。彷彿一出門就被「當頭棒喝」，除了會影響運勢外，也暗示著有意外血光之災的可能性。如果一開門就見到有刻度的電線桿，如同針筒或點滴的形狀，也提示著宅中之人，會因疾病而需要就醫打點滴，或容易有意外血光之災。

筆直的電線桿豎立在門前，除了造成納氣口的納氣不暢外，長期看著這根柱狀物，也會因柱狀物擋住視線而無法遠眺，視線受到阻礙，就容易令人頭昏腦脹而心煩意亂，不利於身心健康，容易做出錯誤的決策或判斷。

「見柱煞」包括了房屋周圍的電線桿、停車牌、告示牌、路燈、紅綠燈、廣告柱、煙囪……等柱狀物，皆有可能會對宅中之人造成意外血光或車禍等情事。門外的柱子粗細不一，煞氣的影響也依遠近大小而定。房屋與柱狀物的距離，與其所造成的影響成反比，即距離越近，影響越大。此外，柱狀物的體積越大或高度越高，所造成的殺傷力也越大，對宅中之人會產生更大的壓迫感。

門窗外見到高大筆直的煙囪，則犯了「見柱煞」

化解之法：

1. 可更改門向，將正對煞方的大門封住，改開其他方位的門向。
2. 大門外左右可擺放兩盆高度齊腰的闊葉盆栽，藉由植物的生命力，增加大門的氣場能量，以抵擋煞氣。
3. 大門進來的位置要設置玄關，以擋住外來煞氣，將煞氣的傷害降低。玄關處上方可裝設橫向的三盞燈，除了象徵三陽開泰外，也形成「結界」防線，抵禦外來的煞氣。

4. 在民俗上會使用鏡面的制煞物品，例如大門上懸掛「凸面鏡」、「乾坤太極圖」、「山海鎮」……等民俗宗教物品做化解，取其有反射煞氣及「移山倒海」的意義。在此要提醒讀者，使用任何帶有鏡面的化煞物，不可正對鄰宅，以免引起糾紛。使用此種方法，雖可能有助於心理自我暗示，但最好要結合以上其他的化解方法一起使用。

2. 室外壁刀煞

若鄰宅的樓房牆面，對本宅沖射形成壁刀，在風水學上稱為「牆角煞」或「壁刀煞」。若是大門口或者客廳陽台見到此種煞氣，提示著家中成員容易發生意外血光之災。

壁刀的危害，除了是視覺上的壁刀，如同刀子般對著自宅切過來，造成心理上的不舒適感外；主要的影響是因其形成「風切現象」，強風會沿著對面樓房的壁刀側不斷地沖射自宅，造成自宅的磁場不穩定，進而影響居住者的健康，或引發意外血光之災。

如果在產生壁刀的樓房後方，有另一棟房宅遮擋，讓強風無法直接由壁刀處吹襲過來，該壁刀就屬於「假壁刀」，對自宅的影響較小，僅為視覺上的形煞。但假如壁刀後方無任何建築物遮擋，強風可以直接沿著牆壁沖射自宅，就是屬於「真壁刀」，這種風切現象對自宅的影響就很大。

如果是在真壁刀的狀況下，也要依據實際的情況來判斷影響程度。判斷原則還是一樣，房屋與壁刀的距離遠近，造成的影響成反比，距離越近則影響越大。此外，如若壁刀的牆面越長，風切的影響就越嚴重。

如果自宅與對面房宅的壁刀只相隔幾公尺的話，沖煞的力道就會很大；若自宅與對面房宅的壁刀，間隔著寬廣的四線道路，影響的力道就會大為減弱。四線道路上的車流量大，車來車往所帶起來的氣流，會截斷對面房宅壁刀的風切強度。在此情況下，無須擔心壁刀的影響，如果真有影響的話，也不過是心理作用罷了。學習風水要探究其中原理，不要流於迷信。

化解之法：

1. 更改門向，將正對煞方的大門封住，改開其他方位的門向。
2. 若大門受到壁刀沖射，在空間足夠的情況下，可在門前面對煞方處種植植物擋煞。若空間不足，則可在大門外左右擺放兩盆高度齊腰的闊葉盆栽，藉由植物的生命力，增加大門的氣場能量，以抵擋煞氣。若是從陽台外可見鄰近大樓的壁刀，則可在陽台上種植植物，以抵擋壁刀的風切影響。
3. 可在大門外裝設電燈，增加大門的氣場能量，以抵擋煞氣。
4. 可在門內設置玄關，以抵擋室外壁刀風切煞氣。玄關處上方可裝設橫向的三盞燈，以抵禦外來煞氣。
5. 在民俗上會使用鏡面的制煞物品，例如大門上懸掛「凸面鏡」、「乾坤太極圖」、「山海鎮」、「九宮八卦牌」等方式做化解。但筆者認為這種方式，可以做為一種心理上的自我安慰，實際上解決不了壁刀的風切問題。

3. 懸空屋

所謂的「懸空屋」，顧名思義，即屋宅的下方是懸空的狀態。如透天住宅的一樓外面是騎樓，而二樓的臥室正好是位於騎樓上方，二樓的臥室就是屬於懸空屋的格局。因為騎樓有行人來來往往，除了人聲喧鬧外，氣流也會擾動不安，如果臥室正好位於此懸空區域的上方，會使居住者容易睡不安穩而精神耗弱，長期下來身體自然會產生許多病痛。

另一種懸空屋，則是公寓大樓的一樓是車道，二樓的住戶就是屬於懸空屋的格局。當住宅底下有車輛出入時，除了氣流擾動不安外，車輛出入所產生的噪音與震動，也會影響住在二樓的住戶。除了影響居住的生活品質外，懸空屋也會讓人在潛意識裡覺得沒有「腳踏實地」，似乎隨時都可能會踩空跌落。

當屋宅底下的氣場，屬於浮動不穩定的狀態時，就容易帶走宅內的旺氣而無法藏風聚氣，宅中之人就容易漏財、破財。而氣場的流動所產生的不安定感，也會讓人待不住，老是想要往外跑，使得家人感情不聚，是一種「財散人不聚」的格局。

風水上認為，懸空屋對人的影響，就如同房間的隔牆外面，是大樓的樓梯通道或電梯一樣，都是屬於氣流不穩定的地方。筆者之前也提到，好的氣場一定要能藏風納氣，強風疾風所到之處，生氣就會被吹散，對宅中之人的身心健康及運勢發展，均為不利。

一般會造成懸空屋的原因，除了設計問題外，還有一種常見的原因，就是由於陽台外推的緣故，這種情形常見於老式公寓大樓的住戶。若是自宅的陽台外推，而在自宅下方的樓層，也是陽台外推的話，對自宅的影響就較小，因為有下方樓層的住宅幫我們頂著的緣故。但如果自宅是最下方的樓層陽台外推，那就要獨自承擔懸空而地氣空虛的問題。此外，還要扛著上方樓層陽台外推的重壓，可說是雙煞夾攻，腹背受敵。懸空處的氣場浮動，運勢也容易受到影響。

風水上認為，陽台就是事業發展的舞台，若是將陽台外推成為客廳，則代表事業發展的舞台消失，當然不利於事業的發展，容易因為貪圖近利而判斷錯誤，導致事業前途受阻。

此外，陽台也有著像護城河一樣保護自宅的功能。有些陽台設計成圓弧形，正如盾牌或護心鏡一樣，也較有擋煞的效果。如果在陽台種植植栽，更是可以抵擋壁刀風切、天斬煞……等外煞，成為有效的防禦工事。陽台空間就是一個氣場的趨緩迴旋空間。但如果將陽台外推，以上的功能全部消失。可見將陽台外推，雖然是「偷」到了一些室內空間，但實際上卻是弊大於利。

房宅都有地氣，地氣若是旺盛，自然會地靈人傑。而陽台外推，或是位於騎樓的上方，下面懸空而沒有接地氣，這個區域的氣場就會擾動混亂，造成陰氣大盛，而成為陰陽交界之處。人睡在陽台外推處，潛意識中知道下面是空的，久而久之也容易心神不寧，由於長期睡不安穩，導致精神耗弱，就容易出現卡陰的現象，這是因為陽氣虛衰所造成的結果。

曾看過一個影片，兩棟高樓中間有一座玻璃通道，雖然是強化玻璃的材質，但還是令許多人感到膽顫心驚而不敢行走，擔心萬一玻璃通道破裂，就會從高處掉落而喪命。

因此，若是在陽台外推的懸空處，放上床鋪或書桌，潛意識中也同樣會造成不安全感，自然不太想要待在此處，十分不利於睡眠與學習。

化解之法：

1. 可以在懸空區域的地板，放上五色水晶或三十六枚錢幣，以增加地氣。
2. 可以在懸空區域的四個角落擺放白水晶柱，或是在四個角落，各擺放九枚十元硬幣做化解。

雖然可採取以上的化解法，但在人的潛意識中，還是知道那個區域是懸空的，潛意識中仍會感到不安。因此，懸空的區域，盡量是擺放櫥櫃、書櫃、衣櫃，或規劃成較少使用的空間。若在懸空的區域放置辦公桌，會讓坐在該位置的人思緒不清，事業易遭瓶頸。若是在該位置擺放床鋪，則會影響夫妻感情，最後漸行漸遠。

4. 尖角沖射、寺廟飛簷煞

以風水角度而言，喜歡見到圓潤的形狀而不喜尖角之物，所以有「尖角沖射主不吉」的說法，因為這會導致家門不安，病痛頻仍。倘若大門、窗戶或陽台面對尖角沖射的煞氣，必須要設法化解。一般常見的尖角，大多是鄰近樓宇的尖銳屋角，這些直衝過來的尖角，越是尖翹及距離越近越是凶險，殺傷力更強。不正的氣流會沿著尖角順勢導氣，而沖射自宅。這其中除了視覺上的尖銳感，讓人覺得不舒服外，尖角沖射也會讓人的潛意識感到不安。

一般而言，被紅色的尖角沖射，代表會有意外血光之災或疾病問題；而被黑色的尖角沖射，則代表會有官司纏身的官非問題。

若是自宅緊鄰道觀或廟宇，有極大的可能性會被道觀或廟宇的飛簷沖射到，這些朝著自宅沖射而來的各類尖角形煞中，有形象尖銳的「燕尾煞」；或是如龍虎張開血盆大口的「尖嘴煞」；或是各種動物形象的「獸頭煞」，皆易導致家人的血光之災或疾病問題。尤其是飛簷的尖角直接沖射自宅門窗，影響更大。在風水上有「廟前廟後主不安」的說法，這些尖角沖射即是形成不安的主要原因之一。

有些商店門口，在騎樓的天花板上，會懸掛廣告招牌，要注意不可直沖商鋪大門，以免因招牌的尖角沖射，影響商鋪的營收，及店主與員工的健康。

建築物的尖角沖射

寺廟飛簷煞

建築物的尖角沖射

店鋪招牌沖射大門

化解之法：

1. 面對沖射煞方，可種植一整排植物擋煞，最好選擇闊葉且茂密的植物。若在公寓大樓，則可用盆栽代替，但盆栽的植物高度必須高過人的身高，方可遮住視線，眼不見為淨。若盆栽植物不夠高大，則應做墊高處理。

2. 封住面對煞方的窗戶，或在該窗戶上黏貼霧面貼紙，使其透光而不見煞形，避免打開該處窗戶。

3. 有些風水老師會建議面對飛簷煞方，懸掛八卦鏡、山海鎮之類的民俗宗教化煞物。筆者建議可懸掛適當尺寸的凸面鏡，形成如護心鏡般保護家宅即可。一般而言，鄰居見到凸面鏡較不會感到反感。而八卦鏡、山海鎮之類的鏡面化煞物上有八卦圖案，以民俗說法而言，若將其朝向鄰宅，會造成鄰宅受到「八卦煞」的沖射，恐因而引發糾紛。

4. 若是店鋪招牌沖射大門，則應將招牌往旁邊挪移，以避開沖射大門及窗戶為原則。

5. 屋脊煞

鄰宅的屋脊若沖射到自宅門窗，會影響家人的健康。此一煞氣最怕屋脊形大且長，距離自宅近又正對自宅的窗戶或其他納氣口，如此一來，更加重煞氣的影響威力。強風會沿著鄰宅屋脊形成風切而直接沖射自宅，影響自宅的磁場安定，及家人的身心康寧。

化解之法：

1. 屋脊煞的危害，在於風切對自宅的影響。可在面對沖射煞方，種植一整排闊葉且茂密的植物擋煞。若在公寓大樓，可擺放高大的盆栽，以阻擋風切的吹襲沖射，若盆栽植物不夠高大，則應做墊高處理。

2. 若是屋脊煞沖射窗戶，盡量不要打開該面窗戶，可在窗戶上黏貼霧面貼紙，使其透光但不見煞氣之形。或是加裝厚重窗簾擋煞，或改成氣密窗，或是封閉該面窗戶。

3. 由於這類的形煞具有風切的性質，風力的持續吹拂，會影響宅中磁場的安定，所以應該要用阻擋的方式較佳。筆者較不建議單獨使用八卦鏡或乾坤太極圖的方式處理，但若是讀者偏好這類的民俗宗教化煞物也無妨，要注意不要將這類物品正對鄰宅，以免引發糾紛。此外，還要結合上述其他的化解法，才能達到較好的效果。

6. 室外淋頭水

風水學中有一個名詞，稱為「淋頭水」。顧名思義，「淋頭水」就好像是被人從頭上潑了一盆水一樣。

一般而言，室外淋頭水會有以下狀況，其一是住宅的後方緊鄰山壁，水從高處流下來，下雨時，雨水會夾帶著土石直接沖刷而下，衝擊住家的屋頂或牆壁，而造成屋體的損害。

此外，屋後緊鄰山坡，易有枯葉、腐土與動物昆蟲屍體堆積，容易造成細菌滋生或產生臭味，穢氣流入家中，而導致宅中之人的健康不佳。若是遇到颱風或地震，也有可能造成土石泥流沖入宅中，甚至有遭到掩埋的危險。

屋後為高聳山林，不但逼壓，且犯了「淋頭水」煞氣

化解之法：

1. 若宅後即是山坡絕壁，建議搬家，不要住在危險之地。
2. 若要住在該處，則要做好相關的安全措施，如在緊鄰山坡側，須興建堅固的擋土牆，以避免土石泥流的危害。
3. 需定期清掃山壁旁的枯葉、腐土與動物昆蟲屍體，以避免穢氣流入宅中。

7. 室外割腳水

在房屋銷售市場中，常可見到建案強調位在「水岸第一排」、「水景第一排」、「海景第一排」，聽起來很美好，讓人十分嚮往，但必須要注意其中所潛藏的問題，以免一不小心就買到了地雷房。

而這其中的風水問題，必須注意如果水流離自宅太近，就會成為室外「割腳水」。「割腳水」，顧名思義，是指離住宅太近會「割到腳」的水，這也意謂著容易發生意外血光之災、破財……等情事。

如果自宅的地點，是位於會受到河流沖刷侵蝕範圍內的河岸住宅，或是蓋在填海造陸的海埔新生地上，雖然能就近欣賞到河景或海景，然而由於距離水流過近，地基容易遭到侵蝕，且因其地勢相對低窪，若遇豪雨、漲潮、颱風天，都容易發生淹水，甚至有海水倒灌的危機，且由於離水流過近，也容易產生室內濕氣過重的問題。

因此，「割腳水」會如同一把刀了，不斷地切割住宅的腳，侵蝕著牆角地基，不但損害屋體，也影響到居住者的財運，及有官非口舌、運氣起伏、健康受損、血光之災……等問題。

除了屬於真水的「割腳水」外，道路可以視為「假水」。因此，另一種「割腳水」，則是指道路緊鄰住宅，沒有緩衝空間，高速行駛的車流，會像是湍急的河流一樣衝擊自宅，造成自宅的氣場不安定，這也是犯了「割腳煞」。

化解之法：

1. 搬家為上策。
2. 若家中大門正對割腳水煞方，可藉由更改門的方向做化解。將正對煞方的大門封住，改開其他方位的門向。
3. 若無法改變大門方向，須在大門入口處設置玄關，做為氣流迴旋的趨緩空間。

割腳水

8. 血池照鏡

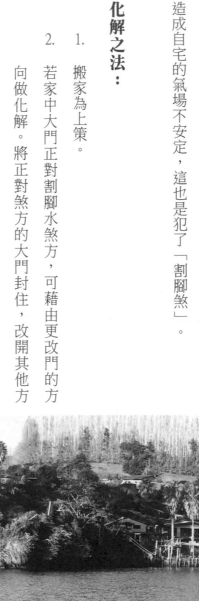

若是水流、游泳池或池塘離住宅太近，除了有上述「割腳水」的煞氣外，居家影像直接

映照在水面上，會形成房宅上下顛倒的影像。這種猶如鏡花水月、恍惚虛幻的影像，會破壞居家風水的穩定氣場，風水上稱為「血盆照鏡」或「血池照鏡」。

這種煞氣容易導致家運敗壞，家人精神狀況變差，且水流、游泳池或池塘離家太近，恐有意外跌落之虞。「血池照鏡」的煞氣最忌水面反射陽光到宅內，主神經衰弱、血光意外。

當陽光透過水面反射光線到家中時，這種過盛的陽氣能量，就會形成「火氣」。在陰陽失衡下，容易導致人的精神思維與身心失衡，脾氣易煩躁，做事衝動不專心，容易發生與「血」相關的狀況，如罹患出血性疾病，或發生意外血光、自傷、傷人……等情事，這也是為何稱為「血池」的原因。

血池照鏡

化解之法：

1. 不要選擇這類型緊臨水邊的房宅。
2. 避免在鄰近河面、湖面的一方開門開窗，防止水面反射陽光到宅內，對改善屋宅風水有一定的作用。
3. 在接近水面的窗戶，裝設厚重窗簾，或在窗戶上黏貼霧面貼紙，遮擋由水面反射到宅內的刺眼光線。
4. 在房宅周邊建造圍牆，一方面可擋住水面反射陽光到宅內，一方面可避免發生意外跌落之虞。
5. 在不阻擋正常陽光照入住家的情況下，可種植植物遮擋這類由水面引起的反光。

9. 陷落屋

「陷落屋」，即房宅低於宅前的路面。有些房屋因地層下陷，或因地基不夠堅實而下陷，或由於門前的柏油路不斷填高，導致房屋的地勢降低。此外，也有位於有高度落差的山坡地，導致住家大門低於門前的道路，房屋如同陷落到地層下一般。

陷落屋的大門，稱為「陷地門」。「陷地門」代表住家的地勢比路面低，而大門為納氣口，大門口陷落會導致納氣不順，不但無法聚納財氣與吐氣，反而容易納到穢氣，造成氣場汙濁。這是由於路面的穢氣，如車輛排煙、灰塵會往下流入屋內的緣故。此外，路邊的樹葉、垃圾等物，也會掉落到大門口，導致運勢不順且影響健康。此外，一旦下大雨，由於大門口比路面低，水會往家裡面流，而造成淹水問題。

這種陷落屋是前高後低的地勢，代表出門會碰壁，是一種退運屋的格局，不利於家運前途、財運與健康。

房宅地基比宅前的路面低

化解之法：

1. 不要選擇這類型的房宅。
2. 若家中大門正對道路，可藉由更改門的方向以化解。將「陷地門」的大門封住，改開其他方位的門向。
3. 若門前空間許可的話，可種植植物或建造圍牆，擋住路面穢氣流入門口。
4. 避免在鄰近道路的一側開門開窗。
5. 樓下空間盡量避免住人。

房宅地基低於路面，
可建造圍牆擋住穢氣

10. 高壓電塔火煞

居家如果緊鄰變電所或高壓電塔，即犯了「高壓電塔火煞」，這種磁場除了容易引發心血管問題、生理病痛，及影響睡眠品質外，也可能會導致不孕症。

從某些角度來看，高壓電塔伸出的電線形狀，就像是

高壓電塔火煞

「蜈蚣」的腳一樣，所以也是屬於「蜈蚣煞」，會影響住戶的腸胃系統。

化解之法：

1. 居家如果緊鄰變電所或高壓電塔，搬家是首選的化解方式。
2. 在無法搬家的情況下才來化煞，可使用盆栽或松木板擋住煞氣，眼不見為淨。植物生長的氣場，也能降低煞氣的影響。
3. 在民俗上的做法，可將「銅雞」朝著高壓電塔的方向擺放，因為高壓電塔伸出電線的形狀，就像是「蜈蚣」的腳一樣。天下之事，一物剋一物，擺放銅雞象徵「雞啄蜈蚣」，藉以化解煞氣。採用這種方法，有利於自我心理暗示，但還是要結合使用盆栽或松木板擋住煞氣。

11. 蜈蚣煞

除了前文提到的高壓電塔「蜈蚣煞」外，在建築物的外牆上，如果有裸露在外的排水管，且其形態為一條主幹加上分支，其形象就如同有腳的蜈蚣攀附在牆上；或是窗外可見電線桿的電線枝節，如同蜈蚣的形象，所謂「有形就有靈」、「有形就有煞」，這就是所謂的「蜈蚣煞」。

蜈蚣煞代表不利於居住者的後代子孫，住宅內的家庭成員易招致口舌是非、工作不順、幼兒容易罹患腸胃疾病，或容易有意外血光之災。

高壓電塔也是一種蜈蚣煞

化解之法：

1. 盡量不開可見到蜈蚣煞的那一側窗戶，以眼不見為淨。
2. 在見到蜈蚣煞的煞方，可使用盆栽或松木板擋住煞氣。
3. 若在陽台可見蜈蚣煞，民俗上會使用銅製的雞，以雞會啄蜈蚣的原理剋之。

12. 棺材煞

「棺材煞」是屬於「形煞」的一種，住房宅的外方，看到形似棺材之物，包括天棚、遮陽棚、半圓形倉庫屋頂……等等，風水上即犯了「棺材煞」。有些中古屋的公寓或大樓一樓，住戶為了擋風遮雨，往往會加蓋採光罩，而一戶戶的半圓形採光罩，形似一具具整齊排列的棺材，令人感到晦氣而形成煞氣。

「棺材煞」影響的程度，除了與自宅的距離有關，也與居住者的心理感受有關，越在意則影響越大。

筆者認為「棺材煞」的主要影響，是在心理暗示的層面。若住家正對「棺材煞」，住戶的潛意識容易聯想到死亡而感到晦氣，導致不安的感覺，長期下來會腦神經衰弱而身心失調，由於心神不寧，容易發生意外血光之災。且因經常疑神疑鬼，也容易發生陰邪怪事。

化解之法：

1. 避免開煞方門窗，窗戶上可黏貼霧面貼紙，或用紗簾遮擋，使其透光而不露煞氣之形。

2. 民俗上的做法，可以在面對「棺材煞」的位置，懸掛開光過的乾坤太極圖，並在床頭懸掛開光過的葫蘆吸附病氣，以達化解「棺材煞」的效果。這些民俗上的做法，除了有宗教上的意義外，主要是藉由心理暗示法，以達安定心靈的效果。

13. 路沖、巷沖

風水上所說的「路沖」，顧名思義，即門前道路直接沖射自宅，很多人看到路沖就感到十分害怕。其實，自宅面對路沖並非百害而無一利。譬如說在目前的八運期間（2004年－2023年），若面對路沖的大門宮位向星為8，即為當令旺星，《天元五歌・論陽宅》云：「**沖起樂宮無價寶**」，反而能旺財，因為旺星被路沖的氣流沖得充滿動能，可帶動旺氣進門，並能速發財富，這是一個風水祕訣。

但要注意的是，當路沖沖到旺宮時，雖然能夠在事業上賺錢，但同時也可能會有官司纏身的問題。此外，「**沖起樂宮無價寶**」也是有其條件限制，即雖然是路沖，但路要比自宅寬，且自宅後方及兩旁要有靠，才能承受得住路沖衝擊的力道。若是路沖的路小於自宅，則代表沖射之力被壓縮，噴發的力道更強，自宅就會承受不住這股沖射力量。這類的路沖即使是位於當旺之宮，也會成為凶煞。

即使路沖在當旺之宮且具備以上條件，雖說可以旺財，但這僅是指納吉氣而言，指的是氣場、氣流的部分。但不代表就沒有潛在的危險，因為現在有許多駕駛是「馬路三寶」，或因酒駕或不熟悉路況而衝入面對路沖的住宅。除了有發生車禍之虞外，夜間常有車燈直射住家門窗，也會造成生活品質及睡眠的干擾。

此外，當旺星退運之後，凶象會立即顯現。如前文提到八運的向星旺星8，到了2024年九運後就會退運，成為「凶宮」。《天元五歌・論陽宅》云：「**沖起凶宮化作灰**」，也會形成「**一條直路一條槍**」的「槍煞」。風水上有句俚語：「**門前一桿槍，不殺老子要殺娘**」，雖然十分俚俗，但也是形象化地說明位於衰宮路沖的凶險。

除了路沖之外，有些正對自宅的小巷子或防火巷，則會形成「巷沖」。巷沖的巷道，一般會比馬路還小還窄，但其煞氣並不會因此減弱，且巷道兩邊會有建築物，所以其沖煞的力道也更強，好像是被擠壓的水管，噴發的力道也越強一樣，其傷害有時會比路沖更大，容易導致官司纏身、體弱多病、車禍、意外……等情事。

化解之法：

1. 在門外或牆上要貼上反光標誌，夜間在門口外點燈，以提醒駕駛注意。
2. 若路沖位於衰宮，最好是更改門向，讓面對路沖的那一側，為不開門窗的實牆，影響就會較小。
3. 如果不能改門向的話，則退而求其次，可在門前種植樹木或圍籬樹牆遮擋，萬一真的有車子撞上來，力道也會減緩。民俗上的化解法，也可在面對路沖、巷沖處，安置厚重的大石塊，並用硃砂筆在大石塊上，寫上「泰山石敢當」鎮煞。
4. 可在路沖或巷沖的方位，築起圍牆遮擋，以增加緩衝空間。

5. 可將路沖或巷沖的那一側，隔出一個空間，以做為儲藏室或較少使用的空間。

6. 可在路沖或巷沖側做一道水牆或水池，以阻斷煞氣。但這種做法，必須要考慮在該方位是否適合設置流動的「真水」，若該方位不宜見水，反而又增加另一種煞氣。以玄空飛星風水學理而言，目前是八運，在向星8、9、1的宮位處宜見秀水，而在向星2到7的宮位處則不能見水，因為向星2到7是退運之星，退運的向星要見砂、見山、見富麗堂皇的大樓，才能脫出煞氣而「出煞」。

「收山出煞」是玄空飛星風水學的核心原則，有興趣的讀者，可參閱筆者的另一本著作《學玄空飛星風水，一本就上手》中的〈收山出煞〉一節。

讀者需要注意的是，在居家風水中佈下「動水局」，無論是在室外或室內，都是一門很講究的學問。在該方位是否適合設置流動的「真水」，必須要考慮飛星盤山向星的問題，以免招財或化煞不成，反而招來禍殃。下文中論及有關「動水局」化煞的方法，都必須是在這個前提下進行，不再贅述。

種植圍籬樹牆以抵擋路沖

14. 剪刀煞

當路口交叉處如同剪刀，呈現Y字型而非九十度的情況下，位於此路口首當其衝的第一間房子，就像是被剪刀的開口鉗住一樣，即犯了「剪刀煞」，宅中之人容易發生意外血光等問題。

此外，Y字型路口，是屬於易肇事的路段，若駕駛人不熟悉路況，就可能會直接撞上建築物。

化解之法：

1. 在正對剪刀口的位置，可種植樹木或樹籬灌木叢。在五行中植物屬「木」，「剪刀煞」屬「金」。因此，可以透過「金剪木」的格局來緩解「剪刀煞」。以實際狀況而言，萬一車輛衝撞進來，樹木或樹籬灌木叢可以提供緩衝距離，將損害降低。
2. 在正對剪刀口的位置，可設置半圓形的水池。半圓形的水池如同盾牌的形狀，可抵擋「剪刀煞」。而水池所產生的水氣，基於五行「金生水」的原理，也可以化解「剪刀煞」屬「金」的煞氣。以實際狀況而言，水池與樹木或樹籬灌木叢，皆可以提供

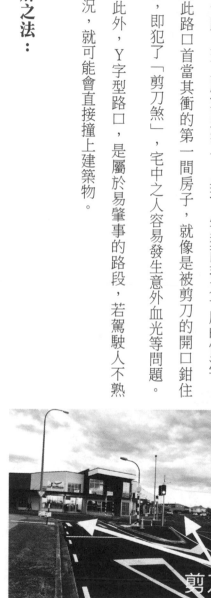

緩衝距離，將損害降低。但前文已提及，門前是否適合設置水池以阻斷煞氣，必須要考慮在該方位是否適合設置流動的「真水」，需經推算確認較為穩當。

3. 在正對剪刀口的位置，可以設置由厚重石塊製成的「泰山石敢當」。萬一車輛衝撞進來，較能抵擋撞擊的力道。對住戶而言，以上的做法，不管是針對可能發生的車禍事件，或心理潛意識的安全感，都能夠提供有效的幫助。

4. 有些風水師會建議在面對「剪刀煞」的位置，懸掛乾坤太極圖或山海鎮……等民俗宗教化煞物，以「移山倒海」的效果化解煞氣。筆者個人不建議僅採用這種方式化解「剪刀煞」，這種方式頂多是在心理上求個安心，但萬一真的遇到車輛衝撞進來時，乾坤太極圖或山海鎮並無法提供安全有效的阻擋。因此，若偏好懸掛這類民俗宗教化煞物的讀者，最好還是要結合以上其他的處理方式，會較為保險妥當。

15. 室外藥罐煞

室外的「藥罐煞」有三種基本常見的形態，第一種藥罐煞的形態，是住宅附近有水塔和水管或樓梯連接的裝置，其形象如同醫院的注射點滴；第二種藥罐煞的形態，是圓柱狀物體的水塔底端，剛好與前一棟建築物頂端切齊，其形狀如同藥罐擺放在桌上；第三種藥罐煞的形態，則是圓柱狀水塔的後方剛好有電線桿，兩者的組合形狀，就像是中醫搗藥杵跟藥缽的組合。

風水上強調「有形則有靈」、「有形則有煞」。由家中陽台或窗戶往外看，如果可以看到「藥罐煞」，提示著家中成員容易生病，需要經常吃藥。若是家中某成員的房間窗戶可看見此煞氣，那麼住在該房間的人，則會受其影響。譬如家中孝親房窗外可見藥罐煞，則住在該房的長輩會受其影響。

化解之法：

1. 買房時要選擇門窗離對面頂樓水塔遠一點的房子，或買高一點的樓層，從自宅的門窗平行向外看時，不會看見對面樓房的水塔。
2. 可在陽台或窗戶邊種植植物花草，以去形除煞。
3. 在民俗上會在面對沖煞處，掛上真的「葫蘆」，並將葫蘆口朝外，代表將煞氣全部吸進葫蘆內，以化解煞氣對人體的影響。
4. 民俗上的另一種做法，是使用一個全新的碗，在碗底貼上硬幣大小的紅色圓紙，做

室外藥罐煞

成「藥碗」，朝著藥罐煞的方向，將藥碗倒蓋，象徵藥已經吃完，疾病痊癒而不需要再吃藥。

由於「藥罐煞」是屬於透過眼睛看到，而引起自我的心理暗示，並不算是真正實質的煞氣。若「藥罐煞」離自宅門窗較遠，不會影響納氣，可使用上述的民俗化煞法化解心理作用，只要內心安定而不受影響即可。

16. 反光煞

傳統意義的反光煞，是指自宅旁的海面、湖面或河面，將陽光反射到自宅內，而影響自宅的磁場。現代意義的反光煞，通常是指商業都會區中，陽光被鄰近大樓的玻璃幕牆、釉面磚牆、或磨光大理石面反射到自宅。刺眼的光線，造成宅中之人容易煩躁、精神不集中、反應遲鈍、心神不寧，也會導致眼疾的產生。

此外，有些光煞也會對宅中之人造成影響，如廣告燈、霓虹燈、旋轉燈……等，在夜晚時燈光閃爍奪目，令人眼花繚亂。對宅中之人的視力、睡眠品質都會造成影響。

化解之法：

1. 可在窗戶上黏貼霧面貼紙，以遮擋刺眼的光線。
2. 可加裝厚重窗簾遮擋。
3. 可在陽台擺放闊葉盆栽遮擋。

反光煞的危害，在於光線太強，可用上述之法調節制衡。有些風水師會建議裝設反光玻璃將反光煞反射回去，此法為風水中的「鬥法」，屬於較霸道的化解法，筆者並不建議採用，和諧化煞方能人宅兩安，也才不會損害自己的德行與福報。

17. 天斬煞

「天斬煞」是指從自宅向屋外看，可見兩座大樓的棟距很近，致使兩座大樓中間，形成一道相當狹窄的縫隙，遠遠望去，就如同大樓被從天而降的利斧斬劈而一分為二，這隙縫也如同一把無形的利斧劈向自宅。

天斬煞的空隙越窄長便越凶險，越接近自宅亦越凶險。就如同高壓水槍一樣，縫隙越小壓力越大，噴發的力道也越大，所以當大樓的棟距通道變窄，氣流穿越時就會受到擠壓，形成強勁的氣流，在這股強勁氣流的衝擊影響之下，就會使自宅的磁場不安定，而嚴重影響到居住者的身心康寧。天斬煞是較為凶險的煞氣，要對其十分重視，必須加以妥善化解。

天斬煞是屬於一種「狹管效應」，也稱為「峽谷效應」。如同峽谷中的風會比平原的風猛烈一樣，城市高樓棟距狹窄所形成的風力極強，容易造成災害。有些地方的瞬間風力可超過七級，甚至會造成行駛中的車輛劇烈搖晃。城市中的「峽谷風」，可說是目前各大城市都會面臨到的棘手問題，是一種新的城市災害。

風水上強調「藏風納氣」，能藏風納氣的地方，才能生發「生氣」。而天斬煞的危害，會導致生氣被沖散，不但無法藏風納氣，且容易發生意外血光，也會嚴重影響健康。

中醫也提到「不正之風」的危害，《黃帝內經．上古天真論》云：「**虛邪賊風，避之有時**」，對於這種不正之風，不可正面迎其鋒芒，要懂得躲避，才不會「中風邪」。而居家風水在面對「不正之風」的化解之法，會採取「遮、擋、化、鬥、避」中「擋法」或「避法」的運用。

天斬煞的特點是風速湍急，氣流衝擊力道強勁。空氣對流強烈，導致所沖煞的房宅氣場極不穩定，所以對住家或商鋪的影響很大，在這種「不正之風」的衝擊下，對財運及健康極為不利，容易導致橫禍破財、意外血光，或因身體疾病而需要動手術。

煞氣的危害，主要是取決於煞氣的大小與遠近，如果天斬煞離自己的住家很遠，危害並不大。如果天斬煞並未沖射到自宅的門窗，影響也較小。此外，如果兩棟大樓之間雖然棟距狹窄，但棟距之間的位置後方，剛好有另一棟大樓遮蔽，就不會產生天斬煞的危害，因為另一棟大樓，已經將後方的風口擋住了，這類型的天斬煞是屬於「假天斬煞」。

天斬煞

化解之法：

1. 天斬煞是屬於較為凶險且不易化解的煞氣，以搬家為上策。
2. 若是無法搬家，必須封住面對天斬煞的窗戶。
3. 若是不想封住窗戶，則可將窗戶改成氣密窗，並在窗戶上黏貼霧面貼紙，使其透光而不見煞形，並避免打開該窗戶。

4. 可種植圍籬樹牆，或在陽台處擺放較高的盆栽，形成如防風林般的防護，以阻擋天斬煞的風煞。

5. 有些風水師會建議在面對「天斬煞」的位置，懸掛乾坤太極圖或山海鎮，認為因其有「移山倒海」的效果，可化解煞氣；或是使用風水羅盤、八卦鏡、葫蘆……等民俗宗教化煞物做化解。筆者個人不建議僅採用這種方式化解「天斬煞」，這種方式頂多是在心理上求個安心，並無法對湍急的風速氣流提供有效的阻擋。因此，若偏好懸掛這類民俗化煞物的讀者，最好還是要結合以上其他的處理方式，會較為保險妥當。

種植圍籬樹牆，可抵擋「天斬煞」的風煞

如防風林般擋風煞

18. 反弓煞

若彎曲的河流、或沒有加蓋的大圳溝渠彎道、或是道路的彎道經過住家前方，且住家的位置，正好是正對彎曲圓弧的頂端，就犯了「反弓煞」。由於這些河流、大圳溝、道路的形狀，就像是弓箭拉滿弓正對自宅，所以稱為「反弓煞」或「反弓水」。現在的商業都會區中，捷運或其他交通運輸建設，也可能會穿過建築群，而對某些建築形成反弓形。這樣的圓弧也很像是鐮刀的形狀，所以也稱為「鐮刀煞」。對自宅而言，緊鄰自宅前方的河流，可稱為「割腳水」或是「鐮刀水」。

由於「反弓煞」像鐮刀一樣割向自宅，也彷彿是一把拉滿的弓朝向自宅，會讓位於反弓側的住家備感威脅，容易造成意外、血光事件的發生。而從氣流流動的角度來看，反弓煞會使氣流由於急彎，導致不穩定的通過自宅前方，急速的氣流衝擊自宅，使得住家前方的氣場極度不穩定。

如果住家位於河流反弓處，由於離心力的緣故，一旦河流氾濫，反弓處肯定會首當其衝；而道路若有弓形大彎，由於離心力的緣故，若是駕駛車速過快而失控，則會撞入反弓側的房屋。因此，這也是位於「反弓」處的住家，容易會有意外血光之災的原因之一。

以道路而言，道路反弓的彎道，除了會因車速過快轉彎不及，而撞上反弓處住宅的危險外；在反弓處的兩側，如果有比鄰相連的房宅、樹林或圍牆遮圍，氣流則會沿著道路的動線流動，不斷沖射反弓處的住家，而加劇了反弓煞的危害。若道路兩旁並無比鄰相連的房宅、樹林或圍牆遮圍，氣流就會平均分散，在反弓處氣流沖射的危害，就會相對降低。

對反弓處的住戶而言，快速的水流或疾駛的車子，朝著自宅直衝而來後急速轉彎，會讓住戶有很大的心理壓力。到了晚間車輛的車燈直射宅內的光害，也會影響休息睡眠品質，容易讓住戶心神不寧，而導致破財、疾病、意外血光之災……等情事發生。

化解之法：

1. 「反弓煞」是屬於較為凶險的煞氣，以搬家為上策，避免整天提心吊膽。
2. 在無法搬家的情況下，住宅前方若有足夠空間，可種植樹木或圍籬灌木叢遮擋，或擺放厚重的「泰山石敢當」阻擋，萬一車輛失速撞上時，也多些緩衝空間。
3. 可在反弓的道路邊，安裝大型的凸面鏡，或是反光設備，提醒駕駛注意速度及安全，以避免車禍事故的發生。

19. 無尾巷

無尾巷，即俗稱的「死巷」或「死胡同」。如果在巷子的盡頭，有圍牆、山壁……等設施或地形，阻斷與其他道路的連通，或在密閉式社區內的巷道盡頭，都屬於無尾巷。

無尾巷代表無路可走、沒有退路，以風水上而言，提示著此處「氣數已盡」。無尾巷的「無尾」，也有不易懷孕，或不易有男丁之意。此外，也會對居住者的健康造成不良影響。

若是無尾巷越長，所匯集的穢氣越多，影響就更加嚴重。此外，通常無尾巷的圍牆高度，約在一樓高左右，所以對於無尾巷住家的一樓影響較大，越高樓層的影響相對較小，因為不會受到圍牆遮擋的緣故。

背對自宅大門站立時，若左邊是無尾巷，即屬於「龍邊無尾巷」，會影響家中男性的運勢前途與健康；反之，若右邊是無尾巷，即屬於「虎邊無尾巷」，則會影響家中女性的運勢前途與健康。

無尾巷的危害，主要是由於氣流不通所造成的汙濁氣場，無法納吉氣而產生凶應。因此，若是巷子的盡頭，有圍牆、山壁、建築物或其他不能通風之物遮擋，才是會造成凶應的無尾巷。若無尾巷的盡頭，只是人車無法通行，但氣流仍可通過，例如巷尾仍可通往公園、農田、河流等情況，並不會產生無尾巷的凶應，這可說是一種「假無尾巷」。

如果在真正會產生凶應的無尾巷上方，又加蓋遮雨棚的遮蔽物，會導致空氣更加無法對流，那麼無尾巷的凶應則會更加嚴重。

由於無尾巷的巷尾未能與外界連通，汙濁的氣流會在巷尾匯集，而造成氣場停滯不通，廢氣難以消散。因此，住在越接近巷尾的住戶，所受的負面影響就越大。反之，越靠近路口的住宅，則影響越小。

無尾巷

化解之法：

1. 最徹底的解決方案就是搬家，最好在買屋或租屋時，就必須避免選擇有此種外格局的房宅。

2. 由於無尾巷的危害，是因為氣場凝滯而氣機不暢。因此，若在無法搬家的情況下，必須活絡無尾巷尾端的氣場，可在死巷封死處，擺放數盆齊腰的大型闊葉盆栽，藉以增加此處氣場的生命力和活力。

3. 可在無尾巷尾設計流水造景，藉由不斷流動的活水，化解死巷的煞氣。水池中可種植一些水草，並在流水造景上打燈，更能加強氣場的活絡。

4. 若在無尾巷的巷尾圍牆上，能夠打通幾個氣孔，或開一個約六十公分的通道，那麼汙濁之廢氣就能得到疏通，可減輕負面影響。

5. 有些風水老師會建議，將鏡子黏貼在無尾巷尾的牆面上，且要打亮鏡面，並在鏡子上貼上紅紙，以避免招陰；或在門前懸掛山海鎮或乾坤太極圖，以化解無尾巷所產生的負面影響。

筆者認為貼鏡子的做法，是可以增加一些視覺上的通透感，多少可以化解一些形煞的問題，但對於氣流不通暢的問題，應該沒有幫助。至於懸掛山海鎮或乾坤太極圖的做法，筆者個人認為其效果也不大，試想，這些物品能化解氣流不通暢的問題嗎？相信讀者想一下就可清楚明白。而且無尾巷的間距通常都不大，對面鄰居看見你所懸掛的山海鎮或乾坤太極圖，朝向他們家，他們心中做何感想？面對無尾巷的危害，懸掛這些民俗宗教化煞物，不但無法解決無尾巷的煞氣，甚至會招來鄰居的非議與不滿。

20. 高架橋

在商業都會區中，高架橋是常見的交通設施，行駛其間的車輛車速往往極快，高架橋兩旁的住家，可說是飽受噪音、震動、空氣汙染與光害之苦。

高架橋如同水急氣盪的「橫流水」，容易導致財散人不聚。高架橋兩側的房屋氣場，被疾駛車輛的急速氣流，不斷地衝擊著，猶如被鐮刀攔腰斬割，導致房屋的磁場紊亂，所謂「氣乘風則散」，在強大的氣流衝擊下，會造成周邊的氣場極度不穩定，從而影響居住者的財運和健康。

從影響的範圍來看，以高架橋高度為中心的上下五層樓，受到煞氣的影響較大，越高的樓層影響越小。當然，若是距離高架橋越遠，影響也越小，這是一般的通則。

若是住家的高度，剛好位於高架橋體的高度，從住家望出去直接看到橋體，景觀受到遮擋，如同出門見壁，在風水上稱為「擋臉煞」，彷彿臉被遮住了，住戶的前途運勢，肯定會受到極大的影響；若是從住家望出去時，高架橋體的高度，剛好位在住家的上方部位，就好像人戴上喪事的頭帶一般，在風水上便稱為「戴孝煞」，暗示著這樓層的住戶，容易遭遇意外血光等不幸情事。

若是從住家望出去時，剛好見到高架橋的橋墩，就犯了「開門見柱」，暗示著這樓層的住戶，容易有意外血光或開刀的問題；如果住家正對高架橋的彎道圓弧形外側，就犯了前文提到的「反弓煞」，該住戶就容易發生車禍、意外、血光、開刀……等問題。

若是住戶位在接近高架橋下方，就犯了「陷落屋」的煞氣。陷落會導致納氣不順，不但無法聚納財氣與旺氣，反而容易納到穢氣，造成氣場汙濁。高架橋上的穢氣，如車輛排煙、灰塵往下流入屋內，而導致運勢不順，也影響家人健康。

鄰近高架橋的住戶，不僅室內採光被遮蔽，揚起的灰塵及汽車廢氣，會影響呼吸系統，車輛震動也會影響心神，令人煩躁不安，噪音及夜間車輛的燈光干擾睡眠，久住將會影響身心健康，對鄰近高架橋的住戶而言，影響頗為巨大。

住宅緊鄰高架橋

化解之法：

1. 這是屬於凶險且極難化解的煞氣，以搬家為上策。
2. 在無法搬家的情況下，可封住面對高架橋側的窗戶。
3. 可裝設雙層玻璃的氣密窗，以阻絕噪音。並在窗戶上黏貼霧面貼紙，使其透光而不露煞形，避免開面對高架橋側的窗戶。
4. 若是在陽台處面對高架橋，可種植植物遮擋。
5. 在面對高架橋的房間，盡量不要當作臥房，可做為儲物室使用。
6. 有些風水老師會建議在住家面對高架橋的方位，懸掛開光過的乾坤太極圖、山海鎮，以達移山倒海的效果，化解各種不利住家運勢的煞氣。筆者認為緊鄰高架橋，是屬於凶險且不易化解的複合型煞氣，其中夾帶氣流不穩定、煙塵、噪音、震動……等多種問題，僅使用乾坤太極圖、山海鎮……等民俗宗教物化煞法，效果不彰，最好要結合以上實質的化煞方法，才是真正的化解之道。

21. 植物陰煞

種植植物可以怡情養性，也可以用來擋煞，如前文提到的可藉由種植植物或擺放高人盆栽，以擋路沖、剪刀煞、天斬煞……等煞氣，可謂是一種極為重要的自然化煞之法。但如果種植不得法或所種植的植物過多，則反而有招陰之虞。植物大多屬陰，如榕樹、柳樹、桑樹、竹子、攀藤類植物……等。有些房屋鄰近大片樹林，樹林陰森不透光，這屬於犯了「孤陰煞」中的「植物陰煞」。

若是室外植物過多，或樹木過於高大，就會遮蔽陽光，造成室內過於陰暗的「暗堂煞」。樹木太接近房體，樹根容易竄入房屋底部而造成地基損壞。若是房屋外牆爬滿九重葛、牽牛花……等攀藤類植物，就是犯了「勾絞煞」。房宅就如同被陰邪之物纏繞勾絞而無法脫身，住在這種帶有植物陰煞的房宅中，居住者會容易看到陰邪之物，或產生憂鬱症、神志不清之類的精神狀況。

房宅緊鄰大樹林，則犯了植物陰煞

房宅被植物纏繞勾絞，犯了植物陰煞

植物太接近屋宅，且牆壁被攀藤類植物攀附

攀藤類植物爬滿外牆的植物陰煞

化解之法：

1. 若自宅有嚴重的植物陰煞，以搬家為上策。
2. 不要選購房宅旁緊鄰大棵老樹的地點，這些老樹氣根粗壯屬陰，且容易依附有情眾生，不好處理，若硬要砍掉這些巨大老樹，恐遭遇難測之事。
3. 若是較輕微的植物陰煞，需將攀藤類植物全部清除，以保持外牆的整潔乾淨。並將擋到光線的樹枝，做一番修剪，才不會擋住陽光進入家中，納氣也會較順暢。

4. 務必整理收納好家中雜物，避免陰上加陰。並在室內室外加裝電燈，必須經常打開，以增強居家氣場能量，化解陰氣太盛的問題。

5. 牆壁顏色要採用淺色系的油漆或壁紙，以增加室內的明亮度。

6. 種植樹木不可太接近房宅，以免破壞屋體。

7. 避免種植招陰的植物。

22. 破亂煞

眼睛是靈魂之窗，眼睛所看到的東西，會在心靈上產生影像，為自己帶來美好或厭惡的感受。人們為何喜歡山明水秀之處？因為在這樣的環境中，會讓人感到心曠神怡，性情也能得到陶冶；相反地，若住在雜亂的環境，眼睛所看到的事物，都令人不愉悅而感到心情煩躁，生活就會不順遂。因此，在風水上強調「有形則有靈」、「有形則有煞」，除了產生視覺上的感受外，也會產生其他的負面影響。

若是自宅前方看到廢墟、廢棄工地、爛尾樓，或環境骯髒、破落的建築，風水上視為「凶砂」。且空屋或廢棄建築，由於無人居住，其間陰氣極盛，是一種「破亂煞」，或稱為「破落煞」，也是屬於「陰煞」。住在面對這種煞氣的住戶，會產生疾病，老人容易失智，也不利於居住者的感情桃花，容易終身孤獨。

廢墟為破亂煞

廢棄的溫室廠房，夜間陰氣森森

化解之法：

1. 搬離陰氣極盛之地為上策。
2. 在無法搬家的情況下，可封住面對「破亂煞」的窗戶，或在窗戶上黏貼霧面貼紙，使其透光而不露煞形，避免打開面對「破亂煞」的窗戶，眼不見為淨。

3. 室內室外須裝設電燈，必須經常打開，增強居家氣場能量。
4. 可使用鹽燈與點檀香，淨化磁場空間。
5. 可用較為喜氣的物品，做為家中的擺設佈置，如紅地毯、紅辣椒串裝飾、紅色的福字……等物，以提升居家磁場能量。
6. 面對煞方，民俗上可用「九宮八卦牌」，對家宅形成「結界」般的保護。對於這類型的陰煞，筆者贊成使用民俗宗教化煞物做化解，不過還是要結合上述其他化解法，增強化解效用。

九宮八卦牌

23. 雜物煞

英文的風水書中，常會提到營造好風水的第一個要素就是要declutter，即要清除整理雜物。好風水的基本條件，就是要「藏好風，納吉氣」，若是門口堆放許多汙穢雜物，則犯了「口臭門」的煞氣，包括臭鞋子滿地亂擺，或是垃圾成堆，必然會帶來壞風壞水，這些髒亂的雜物除了形煞之外，還會產生味煞，對居家風水的破壞極大。

一般而言，大門是屋宅的主要納氣口。外氣要進入屋內，會先經過大門，若是大門外有髒亂的雜物阻擋，進入宅中的氣流也勢必混濁不堪，會導致居住者的財運與健康不佳，生活難有改善，難以擺脫窮困與疾病。

有些人喜歡將一些雜物掛在門後，如衣服、帽子、雨傘……等物品，導致開門不暢，門為口，也會造成納氣不順。此外，大門為一家門面之所在，宜乾淨平整，將大門弄得亂七八糟，當然運勢與健康都會受到影響。且家中雜亂不堪，自然貴人不現，小人叢生，一切都是自己招惹來的。風水上強調「相宅如相人」，從居家環境的整潔乾淨與否，也可窺見其生活處事態度，及其運勢與健康。

化解之法：

1. 居家內外的雜物需清理乾淨，做好收納整理，盡量不外露，保持整潔乾淨。
2. 門口不要擺放鞋子，盡量放置到有拉門或門簾的鞋櫃中。鞋櫃需保持乾淨清爽，若鞋櫃中有異味，也要加以處理。
3. 不要在大門上懸掛物品，保持大門的整潔。

環境雜亂，安全及衛生堪虞

門口髒亂形成「口臭門」，穢氣會進入家中

24. 大樹與枯木煞

住家除了不宜種植容易招陰的植物外，大門口也不宜見到枯木、扭曲或長滿瘤狀物的大樹。大門口通常是家宅的主要納氣口，若是有大樹擋住大門口，則犯了「出門見柱」的煞氣，容易導致意外、血光等情事。且由於納氣口被擋住，造成納氣不順，會影響財運及事業運勢。

大門口前如果出現不吉的徵兆，會影響全家人的運勢。門前的老樹，易和宅中之人產生感應，所以要格外注意，如果老樹長樹瘤，也暗示著宅中之人可能會長腫瘤，或有駝背一類的問題。大樹所在的方位，會對應到家中相應的成員。

即使是形象尚佳的大樹，也不宜離自宅過近，以免造成「暗堂煞」，且易招陰而得陰邪之症。大樹之根若竄入屋內或房屋底部，造成房體受損，也暗示著家人容易有筋骨痠痛及血管方面的疾病。若是樹體太高且鄰近房宅，也會對住宅形成逼壓之勢。居家風水上，住宅外的大樹可視為「砂」，若位於凶方，則不利人丁健康。

大門口有大樹擋住納氣口

化解之法：

1. 不選擇大門口前有緊鄰大樹的房宅。
2. 在無法搬家的情況下，看是否可以更改門向。將緊鄰大樹的大門封住，改開其他方位的門向。
3. 盡量修剪樹枝，以免造成「暗堂煞」。並在室內外加裝電燈，須經常點亮，以免室內過於陰暗而陰氣過盛。
4. 牆壁顏色要採用淺色系的油漆或壁紙，以增加室內的明亮度。

大樹不可離自宅過近，以免招陰

住宅周圍的樹木太高，會形成逼壓

25. 煙囪煞

煙囪的形狀為長直形，以傳統星峰分類而言為「貪狼峰」，為「木型峰」。若煙囪離住宅較遠，且在砂方的旺方，可視為「文筆峰」，有利於文采與讀書學習。但若位於住宅的正前方，距離自宅太近形成逼壓之勢，如同「開門見柱」，主意外血光之災。即使煙囪不是位於住宅的正前方，但若以理氣計算後，是位於住宅的煞方，也會讓宅中之人，容易有意外血光的發生。

如果是見到會冒煙的大煙囪，主宅中之人易有眼疾，亦容易心情鬱悶。煙霧往上冒，就彷彿人在嘆氣一般，暗示著宅中之人的生活不如意，而經常嘆氣。此外，煙囪冒煙所產生的煙塵，也會危害宅中之人的呼吸系統，若遇到流年二黑病符星或五黃星加臨時，則會造成病痛連連且意外血光不斷。

高大筆直的煙囪逼壓

會冒煙的煙囪煞

化解之法：

1. 在無法搬家的情況下，看是否可以更改門向，避開正對煙囪煞。
2. 可封住面對煙囪煞的窗戶，或在窗戶上黏貼霧面貼紙，使其透光而不露煞形，避免開面對煙囪煞的窗戶，眼不見為淨。
3. 若陽台面對煙囪煞，可在陽台處種植植物遮擋，只要仍可見天則無妨。
4. 家中若被煙囪的煙塵影響，則需使用高效能的空氣淨化機淨化空氣。
5. 可使用鹽燈與點檀香，淨化磁場空間。
6. 面對煙囪煞的方位，在民俗上可使用葫蘆收病氣，但最好結合上述其他化解法綜合使用。

26. 門前有假山、大石頭

自宅門前為「明堂」之處，明堂宜開闊平坦，有利於事業發展。俗話說：「**門前沒明堂，子孫沒名堂**」，即指家宅前方若沒有開闊的明堂空間，子孫闖不出什麼名堂。

有些人的家中有庭園造景，在庭院中擺設假山巨石、小橋流水，若是設計規劃得當，不但是一種閒情雅致，也有利於風水上的藏風納氣，但若是安排不當，反而會製造更多的煞氣。

假山、巨石適合擺放在住宅後方當靠山，或是擺放在砂方的旺方，但絕對不可擺放在門前。門口為氣口之處，就如同人的口鼻一般。家宅前方若是見到假山、巨石，不但會擋住視線，造成明堂狹窄，導致事業受阻前路難行，宅中之人也容易有口、眼、腳疾等問題。

若將鵝卵石或白色碎石鋪在門前造景，則暗示著出門後坎坎坷坷，生活中會遇到許多不平順的事，甚至也提示著有長腫瘤的危機。

化解之法：

1. 移開門前的假山、巨石。
2. 若門前的造景鋪滿碎石、鵝卵石，則須在門口的位置，鋪設南方松木板步道，出入走在松木板步道上，以避免前途坎坷及長腫瘤的危機。

27. 室外聲煞

「聲煞」即所謂的噪音，凡是讓人聽起來不愉悅，使人心生煩躁的聲響，都是噪音。如隔壁工廠機器的運轉轟鳴聲、街道上的吵鬧喧囂聲、學校的廣播聲、鄰居的裝修振動聲、工地動工整天震天價響、或大樓呈ㄇ字型形成凹風煞的風聲鬼哭神號、或改裝車輛及營業場所的重低音喇叭聲……等噪音，這種種聲煞使人情緒煩躁，也會影響睡眠品質。

聲煞是屬於比較難化解的煞氣，比形煞更難處理，形煞可以運用遮擋的方式眼不見為淨，但聲煞可說是無孔不入，非常不好處理。持續的高分貝噪音，不但會影響聽力，也會讓人頭痛耳鳴，引起腦神經衰弱。如果婦女懷有身孕，這些聲響及震動，也可能會影響胎兒的發育。噪音如同精神上的折磨，讓人心浮氣躁，身心失調下，會影響財運及事業前途。

化解之法：

1. 在可以溝通的情況下進行溝通，盡量降低噪音的音量。
2. 若沒辦法溝通的話，在自宅可加裝雙層氣密窗或隔音牆以阻絕噪音。
3. 可在家中播放抒情音樂，以達到「以聲制聲」的效果，因為房間的音樂聲離我們較近，多少能抑制住外面的噪音。

28. 室外味煞

居家風水講究住宅要「藏好風，納吉氣」，不喜歡「壞風壞水」，而「味煞」就是屬於「壞風」。室外味煞的產生原因，其一是由於環境汙染而傳播的異味、腥味與臭味，如垃圾場、菜市場、臭水溝、公廁、汙水渠、化糞池鄰近自宅。或自宅附近工廠、焚化爐排放廢煙和廢氣，致使各種異味、臭味，不斷地飄入家中。

另一種味煞，則是屬於快炒店、燒烤店、餐廳的排油煙機，所排放出的有害氣體及油煙味。異味、臭味每天飄進宅中，對居住者的健康極為不利，也讓人心情煩躁。味煞和聲煞一樣，都是屬於比較難化解的煞氣，比形煞更難處理，因其無孔不入的緣故。

化解之法：

1. 若自宅外有嚴重的味煞，最好的化解法，就是趕緊搬家。
2. 在無法搬家的狀況下，要緊閉門窗，在家中開空調、使用空氣淨化機、點檀香、使用薰香精油燈或擺放香味濃郁的花束，如百合……等方式處理，以達到「以味制味」的效果。但畢竟這都不是根本之道，緊閉門窗雖然可以阻絕惡氣進入，但同時也阻絕了外氣進入，等於是阻絕了財運前途。

以花香制住家中內外的異味

以薰香精油燈轉化家中內外的異味

五、致病的室內煞氣與化解之法

在談到室內煞氣之前，讀者首先要有一個觀念，就是居家風水強調「**以人為本**」，室內煞氣對人的影響，取決於你在哪個位置所待的時間最長，則該位置對你的影響最大。

譬如有些人待最長時間的位置，是在客廳的沙發上，則客廳沙發位置的風水就極為重要。

若在該沙發上方，有粗大的橫樑壓樑，自然就不利其健康；而有些人會在書房待上最長的時間，當然書桌位置的風水，就對其極為重要。當坐在書房的椅子時，需環視周圍，檢視是否有任何令人感到不舒服的形煞，也要留意椅子背後是否有靠……等問題。

人的睡眠時間佔了人生的三分之一，所以臥房的床鋪風水是否良好極為重要。有風水老師將床位視為臥室的太極中心點，以床位輻射出的八個方位進行推算，做為室內擺設的規劃。此種看法認為人會在床鋪上待上最長的時間，所以床位才是臥房的中心點，這也是風水堪輿的祕法之一。

1. 穿堂風

風水諺語云：「**陽宅第一凶，最忌穿堂風**」，而什麼是「穿堂風」呢？若是打開大門，就正對整面落地窗陽台，代表氣一進到家中，就因強烈對流，直接從陽台洩了出去。或是兩面牆的大落地窗相對，也是同樣的狀況，氣很容易散掉，這種煞氣就稱為「穿堂風」。

不過，以現代住宅而言，大門經常是處於緊閉的狀態，所以大門和前陽台的空氣對流較少，反倒是要注意前後陽台是否有穿堂風的現象，或是前陽台正對廚房窗戶，氣流直進直出，無法在家中藏風納氣。有些人家中的大門有內外兩道門，內門為實門，外門為鏤空鐵門，在平常只關閉外門的狀況下，也容易與前陽台產生穿堂風的狀況。穿堂風的主要凶應是破財，也容易影響住戶的心臟問題。

大門正對落地窗陽台，形成「穿堂風」

兩面落地窗相對而形成「穿堂風」，採光雖好，但容易散氣

化解之法：

1. 在經濟許可且室內空間寬敞的情況下，可在進門處設置玄關，以擋住穿堂風。玄關的寬度及高度均要大於大門。玄關不可離門口太近，以免造成納氣不順。
2. 若經濟狀況的考量，無法設置玄關，則可放置屏風，屏風的寬度及高度要大於大門。

屏風的作用在使氣流改道，所以屏風的材質，必須是不透光、不透風，不要使用鏤空的屏風。

3. 可在接近陽台落地窗處擺放植物，藉由植物生命力的氣場，以達藏風納氣的效果。

4. 可在落地窗前用厚重窗簾遮擋，寬度需達整個手臂的範圍。目的是要讓生氣在家中能停留更長的時間，以增強能量的蓄積。

2. 壓樑

在居家風水中，「樑刀」是指天花板的橫樑。人如果待在樑刀的下方，就是屬於「壓樑」的煞氣。壓樑是一種常見的室內煞氣，所牽涉到的範圍很廣，如樑壓沙發、樑壓書桌、樑壓床、樑壓神位、樑壓灶……等等，不同的壓樑問題，也會衍生出不同的凶應。而壓樑煞氣的嚴重程度，與樑的大小及距離有關，這是煞氣影響的通則。

天花板的橫樑為什麼會對人造成煞氣呢?第一個是視覺上的感受，因為當眼睛看到重物壓在頭頂時，潛意識會產生壓迫感和不安全感。而這種無形的壓迫感，除了不利身心健康外，也象徵著要扛起生活的重擔。

此外，橫樑的位置，通常是鋼筋密集或鋼骨結構之處，對人的磁場影響也較大。所以不可長期坐在樑下的座位，或睡在床頭或床邊有壓樑的位置。如果長期睡在樑下的床位，年輕人會有筋骨痠痛的症狀，老年人則容易導致中風。

床鋪上方最好無橫樑

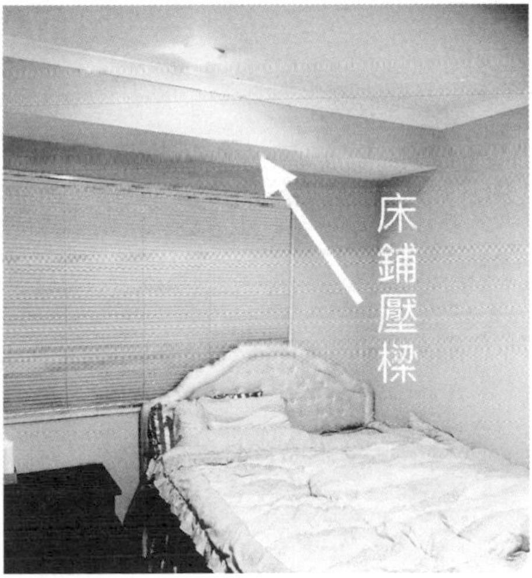

房間天花板的樑刀，有一字樑、十字樑、井字樑，樑越多越大，危害越大。居家風水上很忌諱尖銳造型的設計，樑刀所產生的尖銳沖射之氣，會傷害人體的氣場。

樑刀所在的位置，如果壓到上半身，會影響頭部健康；壓到身體中段，會影響腸胃功能；

壓到下半身，則會影響下肢、生殖泌尿系統或女性婦科問題。一般人睡眠時間約為八小時，睡得越久影響越大。所以在臥房風水中，除了重視窗戶所進的外氣及房門口的納氣外，也很重視床鋪所擺放的位置。在巒頭理氣均佳的床鋪上休息，身體的能量氣場，可以得到很好的補充與修復；而睡在充滿煞氣且理氣不佳的床鋪上，則容易睡出一身病。

有戶人家的客房光線陰暗，且床鋪上方的天花板有大樑，每當親戚朋友到他家住在該房間時，都有被壓床的情況發生，原本以為是發生鬼壓床的靈異事件，後來才瞭解是由於床鋪上方有大樑壓床的緣故。

前文已提及煞氣影響的程度，取決於遠近及大小，如天花板高且樑也小，影響就不大，不一定要特意化解。有些人一看到樑，無論大小都覺得不舒服，其實這是一種心理作用，但既然覺得不舒服，也是需要化解，不然久而久之也會生病。就如同「杯弓蛇影」的故事一樣，有一個人喝了酒之後，發現杯子中有小蛇晃動，覺得很噁心，但是沒辦法，酒已經下肚了，回到家之後，越想越不對勁，不久就生病了。其實那只是弓的影子映射在酒杯中，當他知道原委後，他的心病就不藥而癒了。

因此，心病也要心藥醫，如果連見到很小的樑都覺得不舒服，可在樑的兩側懸掛銅葫蘆。

由於樑煞為土煞，五行中土生金，可用金去洩過量的土氣，銅為金屬物品屬金，且葫蘆有治病的象徵意義，無論在實際上或心理暗示上，都能有所效果。

許多風水老師會提到樑壓灶對於女主人健康的危害甚大，尤其在婦科方面的影響。其實這是一個迷思，為什麼這麼說呢？因為樑的危害主要是針對人而言，居家風水強調「以人為本」，樑如果壓到了人，才會產生影響，沒有壓到人就沒有影響。也就是說樑壓灶，對女主人不會產生太大的影響，但若樑正好壓在女主人煮飯時所站立的位置，就會產生負面的影響。

在現代的社會中，購買外食極為容易，女主人也不一定會經常下廚，但在以前的農業社會中，女主人要張羅三餐，待在廚房的時間極長，若大樑的位置，正好在爐灶的正上方，且壓到這位煮飯的「人」，當然就會對其健康產生負面的影響。

如果說樑壓灶真的會有問題的話，那麼在爐灶的上方，有儲物櫃或排油煙機，也同樣都是壓在爐灶的上方，是否都要將這些設備移除呢？

有些人可能還會對此有所懷疑，其實，這是一個邏輯性的問題。我們可以思考一下關於樑壓床頭的問題，很多風水老師提到樑壓床頭的煞氣時，會建議在床頭的位置，擺放寬厚的床頭櫃，或是在床頭的位置，多放幾個枕頭做化解，以避開橫樑直接壓在頭上的問題。所以在本質上，這不是樑壓床頭的問題，真正會造成問題的是，樑壓到床鋪上的「人」。只要人不被樑壓到，樑壓到床頭櫃或床頭的枕頭堆疊處，都沒有問題。

居家風水強調「以人為本」，只要樑沒有壓到人，則影響不大。樑壓沙發的問題也是如此，如果樑不大，僅壓到沙發的靠背處，並沒有壓到「人」所坐的位置上，問題也是不大。同理，樑壓書桌、樑壓辦公桌的情況也是如此，只要不會壓到「人」所坐的位置即無妨。

因為物體均有其磁場，鋼筋大樑的磁場，會對人體的能量場形成逼壓。人體的外圍有一層能量場的保護，稱為「光暈」或「輝光」，如同防護罩般地保護人體。但當遇到外在環境不良的磁場，或當個人的情緒極度波動或飲食上的不節制時，這層能量場就不一定能有效地對人體進行保護。反之，若一個人的心境平和，或透過修行後的靈性層次提升，輝光會更加強大，對人體的防護力則更強。

文天祥《正氣歌》的序文中提到，以他的浩然正氣，抵禦著七種外在的邪氣、穢氣。雖然他的身體孱弱，但在那極度惡劣的監獄環境中，被關了兩年居然都沒生病。這是由於他忠心愛國、生死無懼，情操高尚充滿正氣的高能量所致。

以此來看，一個人若是氣場強大、充滿正氣，在面臨壓樑的煞氣時，也不見得會對其產生影響。但若是以氣場不強的一般人而言，遇到衰運當頭時，壓樑就會對其造成負面影響。

當然能避開就盡量避開，畢竟樑的問題，會產生視覺上的感受，及心理的暗示，這也不可小看，因為心理也會影響生理，而產生心病。

此外，值得注意的是，樑壓神位與上述的情形不同。因為神明是神靈，壓到神位就如同壓到人一樣，人會產生什麼凶應，神明的凶應就會更加嚴重，不可等閒視之。若房宅被外煞沖射，影響到的就是宅中之人；但若是神位受到煞氣沖射，連沒有住在此宅的家人都會受到影響。因此，神位的安置，要非常謹慎。

在居家風水上，除了有實質的壓樑狀況外，還有一種是屬於「假性壓樑」，同樣會造成心理上的壓樑感受及自我暗示。有些樑是屬於裝飾用的假性樑，譬如天花板是白色的，有些人為了增加設計上的美感，在床鋪上方的天花板，安裝一些平行或網狀交叉線條的黑色、深色的樑，殊不知這樣的設計，看起來雖然是比較具有設計感，但同時也製造了樑壓床鋪的煞氣。深色的樑在白色的天花板襯托下會更為明顯，也會讓睡在樑下的人，有種無形的壓迫感，若天花板較低，這種情況會更加明顯。

化解之法：

1. 在一開始設計房屋藍圖，規劃室內空間時，就要避開這些結構樑，對其完整包覆。
2. 避免長期坐在樑下的座位，或睡在樑下的位置。
3. 可將樑包覆為圓弧形，或用絨布包覆修飾，或用燈往上投射，做間接照明修飾。
4. 臥室天花板盡量以平整為宜，如果有橫樑壓床頭的狀況，可透過遮擋的設計避開，或在床頭加裝較厚的床頭櫃；或在床頭位置堆放幾個枕頭，不要直接睡在樑的下方即可；或將床鋪移動遠離橫樑的正下方位置。
5. 有關壓樑的煞氣，在風水上的化解法，不同的風水師提出不同的化解方法。如可在橫樑的兩側懸吊開光過的五帝錢、或在樑的兩側以白水晶柱頂樑、或是用頂天彌勒佛（雙手托天狀的彌勒佛像）頂樑、或用象鼻朝上的大象雕塑頂樑、或用山水畫的山頂樑、或用書法寫一個「山」字頂樑。筆者認為這些方法，都是屬於心理暗示的方法，效果究竟有多少，讀者要自行判斷，但最好還是要結合上述方法化解壓樑煞氣，較為妥當。
6. 若是屬於裝飾用的假性樑壓樑，則要移除這些假性樑。移除它們並不會對房屋的結構產生影響，若真的無法移除，也要盡量漆成與天花板一致的顏色。

用立燈間接照明修飾樑柱壁刀

用頂天彌勒佛像頂樑

3. 壁刀、梯刀、房中針、燈刀

居家風水不宜見到尖角、刀形、柱狀、鋸齒狀的設計。若是在家中的內格局，有上述所提及的形狀設計，會導致煞氣的產生。

尖銳的牆角稜角稱為「壁刀」，室內出現壁刀，不但視覺上看起來不舒服，也有潛在的危險性，如孩童在家奔跑，容易撞到尖銳的牆角而受傷。

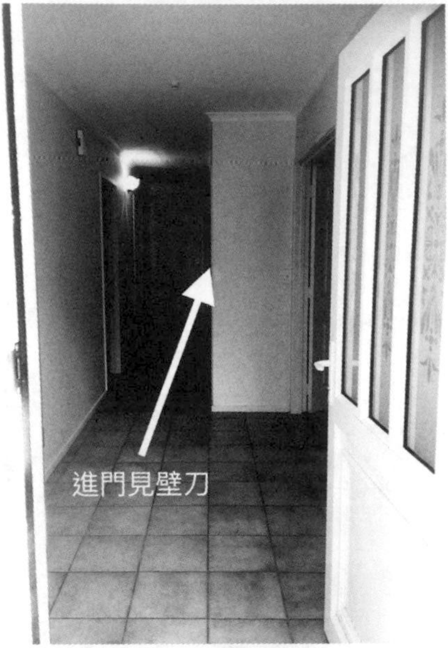

若在廚房爐灶後方見壁刀，提示著女主人下廚時，背後會被壁刀所傷。其中的寓意，除了有爐灶被壁刀所切，影響財運外，也提示著女主人容易有腰痠背痛，甚至會有開刀、意外等血光之災。

在臥房空間中，若有壁刀或凸出的牆角，要盡量加以補平或遮擋，避免正對床鋪造成健康上的不良影響。除了牆壁所造成的壁刀外，其他如尖銳的家具櫃角，一樣都會帶來不好的影響，特別要避免與床鋪相沖。此外，也要避免使用帶有尖角的燈罩，以圓弧形狀的燈罩較佳。

若一進門就見到鋸齒狀的樓梯側面，或客廳沙發的主座位後有未加包覆的樓梯，即為「梯刀」的煞氣。開門即見鋸齒狀的梯刀，代表容易有意外血光之災。主座位背後帶刀，象徵天天被刀鋸砍切，提示著會有意外血光發生，或影響健康。意外血光發生或健康出問題，需要就醫則導致破財。所以這些煞氣，不但使健康受損，也不利財運。

若是梯刀正對臥室門，代表住在該房間的人，容易有意外血光之災、手術、身體病痛……等情事。梯刀如正對廁所，代表會有生殖泌尿系統的問題。如果樓梯角沖射房間，則是代表住在該房間的人容易發生意外血光之災。若將旋轉樓梯設計在房子正中央的「宅心」處，即犯了「梯居中」的煞氣。「宅心」如同人的心臟，旋轉樓梯位於宅心，彷彿是將螺旋

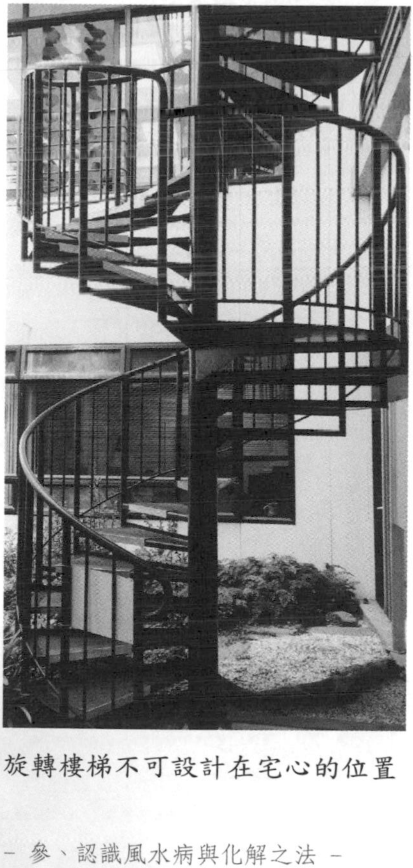

旋轉樓梯不可設計在宅心的位置

未加包覆的樓梯，即為「梯刀」

開瓶器鑽入「宅心」一樣，家人就容易產生心臟方面的問題。

若是壁刀或樓梯切到臥室門，由門內往外看，如果切到門的左側，即門的龍邊，會傷到住在該房間的男性；若是切到門的右側，即門的虎邊，則會傷到住在該房間的女性。

居家環境中，如果見到一根柱狀物豎立其中，彷彿一根針直接插入了房宅或房間的內部，稱為「房中針」。這種煞氣提示著居住者會有長期慢性的疾病，需要經常打針注射，或可能會有莫名的血光跟刀傷。

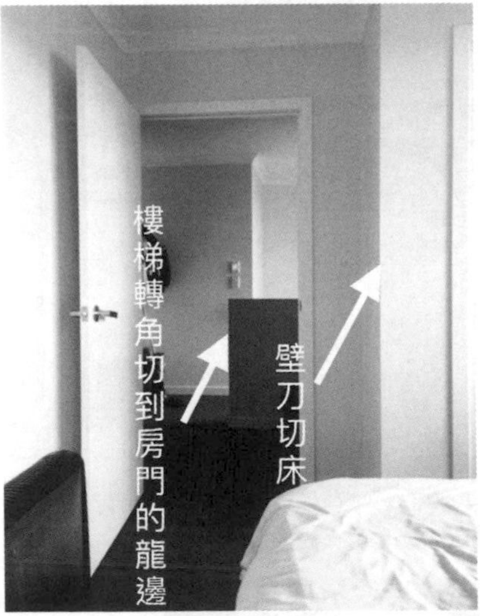

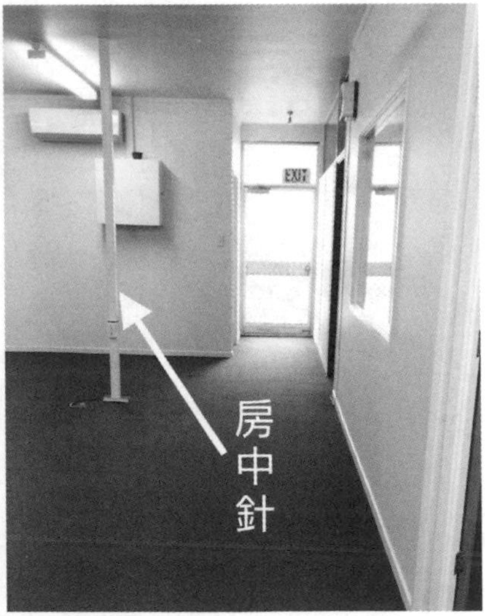

此外，天花板的日光燈燈管，需要有燈罩包覆，否則從裸露的燈管外觀來看，也是形成刀箭之形，就會成為「燈刀」。若燈刀沖射大門，恐有莫名的血光與刀傷。

化解之法：

1. 可將壁刀的稜角處磨圓，以避免孩童奔跑時，撞到尖銳的轉角而受傷。
2. 刀形要做包覆處理，可用磨砂玻璃將壁刀補平，或用屏風遮擋以去形除煞。
3. 在壁刀轉角處放置盆栽，藉由盆栽的葉片及生命力化解壁刀。
4. 若牆角凸出的部分較多，可以視情形訂做同深度的收納櫃或床頭櫃，與牆角壁刀切齊，化解壁刀問題，同時兼具收納機能。
5. 將鋸齒狀梯刀的外形做好包覆，以去形除煞。
6. 天花板的日光燈燈管，需要有燈罩包覆。

4. 壁癌

家中有壁癌，代表環境太過潮濕，容易引發肺部及皮膚疾病。若家中財位出現壁癌，會影響財運。而在書桌前出現壁癌，則是代表學習不利的意象。

化解之法：

1. 若壁癌太過嚴重，搬家為上策。
2. 必須妥善處理壁癌，並重新補平上漆。
3. 要常開除濕機除濕，並點鹽燈除濕氣、穢氣，提升氣場能量。

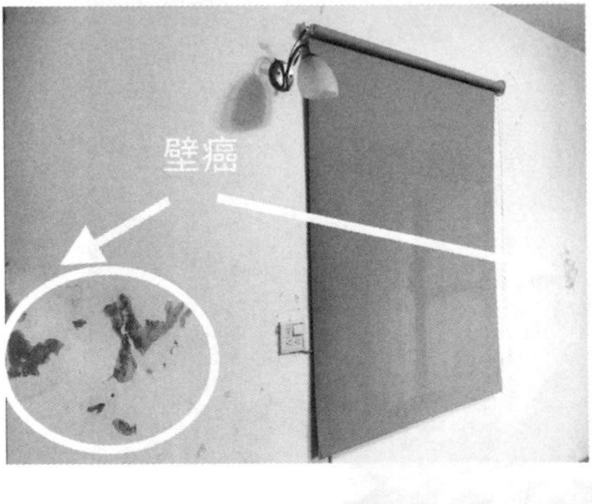

5. 室內藥罐煞

前文已提及室外藥罐煞，而家中若擺放太多的中西藥藥罐或健康食品，則是屬於「室內藥罐煞」，因為這也是一種心理暗示，暗示自己很不健康，需要常常吃藥。

化解之法：

1. 家中的藥罐不要擺放在明顯的地方，可收納放置在有門或簾子的櫥櫃，需要時再拿出來。
2. 家中藥罐若擺放在透明玻璃櫃中，可在玻璃上黏貼霧面貼紙，眼不見為淨。

6. 室內蛇煞

房宅內的電線或冷氣的配管，若是沒有加以包覆修飾，會造成電線或管線外露，彷彿有蟲蛇沿著牆壁爬行的形態，風水上稱此種煞氣為「蛇煞」。提示著居住者容易有皮膚病、或血液問題等病痛，如同蛇毒攻心一般，正所謂「有形則有靈」、「有形則有煞」。

擺放太多中西藥藥罐和健康食品，則犯了「室內藥罐煞」

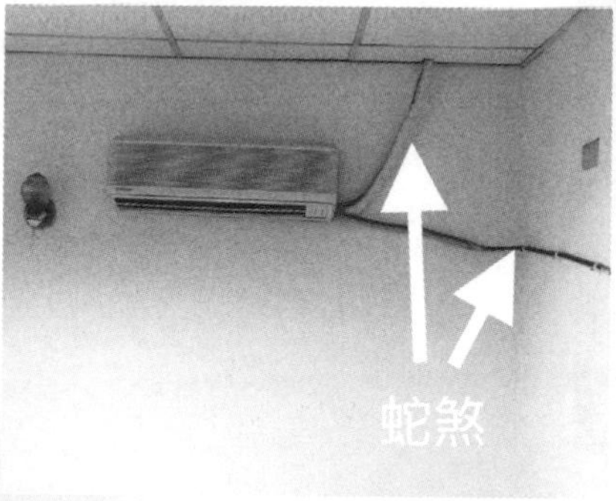

化解之法：

1. 將裸露的電線或管線做好包覆修飾。
2. 可將電線或管線漆成與牆壁相同的顏色，以降低負面的影響。

7. 懸掛刀劍或猛獸畫作工藝品

家是休養生息的地方，在外工作忙了一天，回到家就希望能夠得到放鬆與休息。因此，家中的氣場需要安靜、和諧與平衡。一般而言，居家風水不宜陳設或懸掛刀劍、猛獸、毒物的工藝品及畫作，因為這類工藝品或畫作，蘊含著兇猛、爭鬥之意，無法帶來寧靜與和諧，反而容易引發意外血光之災。

老虎的畫作不適合放置在家中

為何在家中陳設或懸掛刀劍、猛獸、毒物的工藝品及畫作，容易引發血光之災呢？這其中的原因，與宅中之人的人格特質有關。

「相宅如相人」，藉由宅中格局與擺設裝潢，可以看出居住者的人格特質與生活品味。有研究分析，不同人格特質的人，會養不同的狗。換言之，從所養的狗，也可以判斷出狗主人的人格特質。個性溫和的人，相對而言，會養較溫和的狗，除非在不得已的情況下，需要養兇猛惡犬看家護院，則另當別論。

一個人為什麼會喜歡刀劍、猛獸、毒物的工藝品及畫作呢？這是由於這些工藝品及畫作與其磁場相應的緣故。因其個性較為火爆衝動，發生意外血光的機率原本就很高。

因此，並不是由於刀劍、猛獸、毒物的工藝品及畫作，導致宅中之人發生意外血光之災，真正的原因其實是個性使然。當然，透過環境的改變，如聆聽欣賞優雅的古典音樂，或平靜的宗教音樂；將家中刀劍、猛獸、毒物的工藝品及畫作，換成安詳悠閒的畫作、蘊含宗教寓意的圖案工藝品、或家人溫馨甜蜜的照片，都有助於陶冶性情，轉化暴戾衝動的個性。

化解之法：

1. 移除家中刀劍、猛獸、毒物的工藝品及畫作。
2. 若真的喜歡這些物品，可以將其擺放在辦公室、書房，或另闢一間獨立的房間，做為這些物品的收藏室。

8. 牆面不平整

居家的牆面盡量以平整為原則，避免使用凹凸不平的文化石或鵝卵石做為牆面，即便是這類圖案的壁貼，也要盡量避免使用。居家牆壁若有大面積的文化石、鵝卵石，代表事業前途崎嶇坎坷，也提示著容易長腫瘤的危機。

文化石牆壁

鵝卵石牆壁

化解之法：

1. 避免使用文化石、鵝卵石這類的建材做為牆壁，才是根本的解決之道。
2. 若已經使用這類建材且在無法更動的情況下，可用屏風盡量遮擋，或用燈光修飾，或擺放盆栽，以增強該處的能量。

9. 宅大人少宅剋人

風水名著《黃帝宅經》提到房宅「五虛」的觀點，「**宅有五虛，令人貧耗：宅大人少，一虛；宅門大內小，二虛；牆院不完，三虛；井灶不處，四虛；宅地多、屋少、庭院廣，五虛**」。五虛之中的第一虛，即風水上所說的「宅大人少宅剋人」，屋子大但是住在屋內的人口卻很少，空蕩蕩的房宅會損害人的能量，人住在其中，氣容易散掉，不利於健康與受孕。

我們看紫禁城皇宮雖然很大，但皇帝的寢宮卻不大，原因也是如此。風水上講究的就是「藏風聚氣」，房間太大則散氣。如果房宅大但住的人口不多，就缺乏人氣，陽氣不足就容易陰氣過盛，宅中之人也容易有陽虛及陰寒之疾。

化解之法：

1. 買房時必須考慮家中的人口數，若人口少就不要買大房子，這是根本的解決之道。
2. 做好適當的空間隔間，如客廳過大過於空蕩，就容易氣散，宜設置玄關讓空間有所區隔，氣也能有所迴旋。
3. 若有宅大人少的問題，可養貓狗等動物，以增加家中陽氣的動能與氣場的活絡。

10. 室內淋頭水與割腳水

前文已介紹室外淋頭水的煞氣，而室內的淋頭水煞氣，則是指床頭後方是廁所馬桶的位置。不時會聽到水流流動或馬桶沖水的聲音，此為「玄武動」，不利睡眠，可能會導致失眠及腦神經衰弱。

此外，在床頭的上方，不應放置流水瀑布畫作，以避免犯到「淋頭水」的煞氣。畫作的水屬於「陰水」，雖然不是真正的流水，但因為有形則有靈，所以畫作中的意境，會造成流水瀑布淋頭的心理暗示，產生干擾磁場的能量，進而影響睡眠，甚至引起頭痛。

另一種室內淋頭水，則是和魚缸有關。魚缸所擺放的位置，若是高於人的頭頂，會造成「淋頭水」的煞氣。如果在客廳沙發或座椅後方放置魚缸，而魚缸的最高水位，比坐在魚缸前方的人高，就會犯了「淋頭水」的煞氣，日子一久，容易導致頭痛或其他疾病的產生。這類型的淋頭水要成為煞氣，必須是座位緊鄰魚缸的前提下才會產生。

家中的「割腳水」，一般是指魚缸放置的位置過低，導致魚缸的水氣能量直接在地面流動，產生「割腳水」的煞氣，提示著家人易遇小人、事業受阻前路難行，健康方面也可能會有腳疾。因此，要注意魚缸的放置高度，若是擺放的位置太高，會形成淋頭水，太低則成為割腳水。

化解之法：

1. 若是床頭後方就是廁所馬桶的位置，需改變床鋪的位置。
2. 若是床頭的上方有流水瀑布畫作，需將畫作移走。
3. 家中的魚缸位置的擺放高度，以介於胸部到膝蓋之間的高度為宜，並遠離座位區。

魚缸的位置要適當，以避免淋頭水和割腳水

11. 神位對家人健康的影響

神位是家中的「小陽宅」，從神位安置的好壞，即可看出一宅的吉凶。我們可以將神位的位置，想像如同人所坐的位置一樣，如果換成是我們坐在那個位置上，是否能夠很愉悅地安坐於此？用心感受神位周邊環境是否舒適？是否有任何會沖射到神位的煞氣？

如果神位的周邊雜亂不堪，有嘈雜的聲煞、難聞的味煞，又受到室內外的形煞沖射，如面對天斬煞、壁刀或路沖……等煞氣，神明根本坐不住，若是家中神明坐不住，恐會退神。正神如果退神，外靈容易入侵，家運就會衰敗。

家中若有煞氣，頂多是目前住在這個房宅內的成員會受影響；但若是神位受到煞氣的沖射，連沒有住在該房宅的家人，都會受影響，所以不可不慎。因此，若家中實在是不適合安神位，也不要勉強安神位，若處置不當，反而會招致禍殃。

神位的安置有諸多禁忌，本書只略提一二，對這方面有興趣的讀者，可找專門書籍查閱。其中一項禁忌是神位不可「背宅反向」，譬如房宅是坐北朝南的方位，神位的安置就不可以坐南朝北，否則就犯了「背宅反向」的禁忌，會導致家運退敗。

此外，前文已提及，只要是對人會有影響的煞氣，同樣地也會影響到神明，神明都「泥菩薩過江了，自身難保」，又要如何護持家運呢？如果不用心安置神位，也恐會觸怒神明，導致家人會有意外血光之災或是疾病問題。既然有心要安神位，就要避免沖射神位的煞氣，如：戶外煞氣沖射神位、神位向廁所、神位向廚房、神位後方是夫妻房、樑壓神位、壁刀或梯刀正對神位、神位在樓梯下方、鏡照神明……等等問題。

家中若有供奉神明及祖先牌位，當神位旁的龍邊對聯或祖先牌位的龍邊，出現字體顏色明顯變淡、或字跡脫落不全的現象時，這是在反應家運，提示著家中男性的健康會出問題，或是會發生意外血光之災；反之，當神位旁的虎邊對聯或祖先牌位的虎邊，出現字體顏色明顯變淡、或字跡脫落不全的現象時，則提示著家中女性的健康會出問題，或是會發生意外血光之災。

家中若有安神位，則需以虔誠的心供奉禮拜，若是不禮拜神明，家神會退神，最後可能會導致外靈入侵，造成家中磁場混亂與家運敗壞。若神像的面部黯淡無澤，代表這家人很少持香禮拜神明，家神恐已退神。

化解之法：

1. 家中若沒有適當的位置可安置神位，不要勉強安神位。
2. 找有經驗的風水老師安置神位，以避免背宅反向，或安置時犯到流年三煞方等禁忌。
3. 避免犯到以上所提的煞氣問題，如不可讓戶外煞氣沖射神位、不可讓神位面向廁所或廚房、神位後方不可是夫妻房、神位不可在樑下或正對壁刀或鏡子、神位不可位在樓梯下或正對梯刀……等問題。
4. 神明桌的周遭環境須整理乾淨，不可堆放雜物，要保持神明桌乾淨整潔、肅穆莊嚴，且平日要虔誠禮拜。
5. 當神位旁的對聯或祖先牌位，出現字體顏色明顯變淡或字跡脫落不全的現象時，除了要更換新的對聯，或進行修補外，平日也要多修德積福，才有辦法大事化小、小事化無。千萬不要認為只要更換或修補後，就可以平安無事了。就如同生病就醫，經由醫生診斷，知道自己得到什麼疾病後，必須好好接受治療，並配合自我保健調理，才能早日康復，不是只吃止痛藥暫時止痛，就以為沒事了。

12. 頭後有窗

房間內最佳的規劃設計，是只有一扇門和一扇窗。若是窗戶太多，會造成房間不易聚氣及不易擺床的問題。

床頭後必須要有靠，如果床後有實牆則有靠，此為「玄武有靠」；若是床頭的後方是窗戶而不是實牆，此即無靠稱為「玄武動」。人的頭部有「百會穴」，又稱為「諸陽之會」。頭後有窗的話，百會穴就容易受風寒入侵，不利頭部健康。而百會穴在督脈上，也會影響督脈上的脊椎。若是脊椎產生問題的話，就會影響到夾脊穴，順著督脈一整排而下的夾脊穴，對應到全身臟腑，連帶地會影響全身的健康問題。

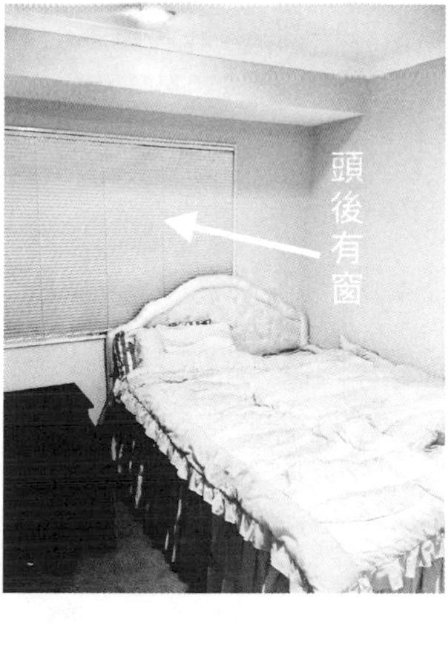

當頭部長期受風，所導致的問題就是頭痛、偏頭痛。除了頭部受風之外，口鼻也會受風，引發鼻塞、感冒及肺部問題。

頭後有窗，窗戶受到風的震動，會發出噪音而影響睡眠。頭上的光線，也同樣會影響睡眠。

這些「動象」均會影響需要安定的睡眠磁場，所以造成人的能量容易散失，對身體的健康非常不利。

有些人因為頭後有窗感到頭部寒冷，所以選擇反睡，即頭睡床尾而腳朝床頭，其結果同樣造成玄武無靠，因為床尾無靠，頭的後方同樣有氣流的流動。

化解之法：

1. 根本的解決之道，是將床鋪移位，遠離窗下的位置。
2. 封閉床頭後方的窗戶。
3. 如果無法移動床位，也無法封閉床頭後方的窗戶，可將窗戶改成雙層氣密窗，並用厚重窗簾加遮光布遮住窗戶，既能遮住光線，也能擋住寒風。

13. 頭後有門、腳朝窗

若床頭的後方緊鄰臥室門，則住在該房間的人，容易心神不寧、思緒不清，不但身體健康受影響，同時也導致缺乏貴人相助、易有小人阻礙、破財……等問題。

因為床頭背門的緣故，潛意識會產生不安全感，隨時擔心有人突然會從後方闖進來，而造成長期心神不寧，導致睡眠障礙、精神無法集中、腦神經衰弱。因而也容易發生意外血光之災，導致破財。

此外，由於精神不濟，職場上無法全力以赴，容易讓人產生負面的評價，原本可以得到的貴人相助，也轉變為小人阻礙。所以風水與健康、財富都有連帶關係。

如果這是一間夫妻臥房，因為沒有安全感的緣故，容易出於精神緊繃而發生口角衝突，影響夫妻關係。

頭後背門的影響程度，取決於床頭和房門的距離。如果距離較遠，影響就小；如果床頭就在門邊，則影響極大。若是床頭和房門的距離較遠，萬一有人闖入，較有緩衝空間及反應時間，人的心理潛意識壓力會較小。

床尾向窗也會產生不安全感，似乎自己的隱私容易被別人窺視到。此外，腳的位置朝向窗戶，風從窗戶吹灌進來，身體下半部會受到影響，容易有生殖泌尿系統、婦科疾病等問題。且睡覺時腳朝窗，眼睛會受到清晨的陽光直射，而影響睡眠。

化解之法：

1. 根本的解決之道，是將床鋪移位，不要讓床頭背門，也不要腳向窗。
2. 在無法更動床鋪位置的情況下，可將床鋪往內推，盡量遠離門後的位置。增加床鋪與房門之間的緩衝空間，心理潛意識的壓力會較小。
3. 若無法避免腳向窗的床鋪位置，窗戶要貼上霧面貼紙，以避免被人窺探隱私，再裝設厚重窗簾，清晨時才不會被刺眼的陽光影響。

14. 廁沖床

廁所沖床的煞氣，即臥室內的廁所門與床鋪相對，容易影響健康。若是廁所馬桶與床鋪相對，則凶應更大。沖射到身體的哪個部位，就會影響該部位的健康。廁所與床鋪之間的距離越近，則影響越大。

若是廁所穢氣沖射上半身，會造成頭痛失眠；沖射身體中段，就會造成腸胃失調；沖射下半身，則容易影響生殖泌尿系統、婦科疾病、產生腳疾等等。

化解之法：

1. 更換床鋪的位置，以避免廁所穢氣的直接沖射。
2. 在無法更動床鋪的情況下，若空間足夠，可在廁所及床鋪之間用高櫃或屏風隔開。
3. 廁所門加裝過膝長簾，就可化解廁

所沖射床鋪的問題，一方面去形除煞，眼不見為淨；另一方面過膝長簾可以阻絕廁所的穢氣和濕氣。

4. 平日保持廁所的潔淨清新，如廁後必須蓋上馬桶蓋後再沖水，並記得要關上廁所門，及打開對外窗通風。

廁所門加裝過膝長簾，避免穢氣外溢，也避免廁沖床

15. 鏡照床

民俗上的說法，當人在入眠後，魂魄會在夢境中出遊，若碰見鏡面反射，會造成魂魄不安。潛意識的不安感，會造成心神不寧、夫妻失和。

以實際情況而言，如果半夜起來如廁，迷糊中看到鏡中的人影，可能會被嚇得半死。長此以往，會導致腦神經衰弱，甚至出現精神疾病。「鏡照床」的煞氣，不只是梳妝鏡或立鏡照床，只要是有鏡面物體反射在床鋪上，都是屬於鏡照床，如電視的螢幕反射，也是屬於鏡照床。

化解之法：

1. 將直接對著床鋪的鏡面物移開。
2. 用布或其他物品遮住鏡面，需要使用鏡子時再拿開這些遮蔽物。
3. 設計鏡子時可加上巧思，如使用可翻轉的梳妝鏡，不使用鏡子時，可翻轉到非鏡面側。而櫃子也可以利用夾板的設計遮住鏡子，需要使用鏡子時，再推開夾板即可。

電視的螢幕反射，也是屬於鏡照床

16. 天花板吊燈正對床鋪

如果天花板燈刀或吊燈，位在床鋪的正上方，容易造成腸胃或婦科疾病、不易受孕、流產及發生意外血光。這是由於燈刀的刀形，或吊燈的尖角沖射，影響睡在燈具正下方的人。

有一次筆者在朋友家與一對新婚夫婦聊天，得知他們住在閣樓，床鋪的正上方有一座吊燈。自入住後，太太的身體狀況開始走下坡。筆者建議移開床鋪上的吊燈，否則會影響腸胃，且不易受孕。幾個月後，朋友告知筆者，這對夫婦聽了建議後，將床鋪上的吊燈移開，不久後太太就懷孕了，身體狀況也得到改善。

化解之法：

1. 移開天花板吊燈，或移開床鋪以避開床鋪正上方的天花板吊燈。
2. 若是天花板的燈具是燈管的設計，一定要有燈罩包覆，不可直接裸露燈管呈燈刀之形。
3. 將天花板吊燈或燈管的燈具改成吸頂燈。

17. 房間窗戶過低或窗戶太多

一間房間以一扇門及一面窗戶為原則，如果房間的窗戶太多則容易洩氣；反之，如果房間沒有對外窗，空氣不流通，也是極不理想。

若居住的樓層較高，床邊的窗戶開得太低，除了容易被人窺視外，也會導致房間的氣場能量外洩，使人的能量容易散失，對身體健康非常不利。此外，也會造成潛意識中的不安全感，好像躺在雲端，有著隨時會掉落的危險，導致元神耗弱，影響睡眠品質。

化解之法：

1. 在窗戶過多的情況下，封閉非必要的對外窗。
2. 加裝厚重窗簾，避免過多的陽光進入房宅，造成陰陽失調。

房間窗戶過低與窗戶太多，會導致能量外洩

窗戶太多的房子

3. 若是房間的窗戶開得過低，需要在該窗戶貼上霧面貼紙，以免房間的氣場能量外洩及被人窺探隱私。

18. 門沖

人的一天要在床鋪上睡上八個小時，所以床鋪的風水極為重要，該位置也是風水良窳的檢視重點。床鋪擺放的位置及禁忌極為講究，如床頭不可背窗、不可背門、床頭不可緊鄰房門、床頭上不可有橫樑或燈具、床鋪旁不可有壁刀、鏡子不可照床，以及床頭後方的空間，不可是爐灶、廁所、電梯……等等。

這一切的講究，就是為了確保人睡在該床鋪時，磁場能安定且不受干擾。有好的睡眠，才能得到能量的補充與修復而神清氣爽，自然有利於健康與財運前途。若是由於受到以上種種煞氣的干擾，導致睡眠品質不佳，久而久之，元神耗弱且能量虛衰，則會影響健康與財運前途。

如果床鋪位在門口進來的動線上，即犯了「門沖」。床鋪會被門箭氣所沖射，造成睡不安穩。床鋪離門太近，容易被外人一覽無遺，毫無私密性，潛意識中也會有不安全感。

化解之法：

1. 更動床鋪位置，以避免門沖。
2. 如無法更動床鋪位置，在空間許可的情況下，可在臥室門和床鋪之間，擺放櫃子或屏風遮擋。
3. 如無法更動床鋪位置，空間又不足以擺放櫃子或屏風，可在臥室門加裝門簾遮擋。

19. 床鋪下堆滿雜物

陽宅三要素：「門、主、灶」，「主」是指主臥室，前文已提及臥室風水中有關床鋪的擺放與禁忌問題，床鋪為臥室的太極中心點。人有三分之一的時間都在床鋪上，所以必須要有好的床鋪風水，才有可能為居住者帶來好運勢。

除了前文所提到有關床鋪的種種禁忌外，還有一個經常為人所忽視的問題，就是床鋪下的空間是否整潔乾淨。如果床鋪下堆滿雜物或垃圾，如臭鞋、髒衣服、用過的衛生紙、結滿蜘蛛絲……等汙穢之物，久而久之，床鋪下的空氣無法流通而穢氣聚集，導致人睡不安穩，甚至會影響運勢及健康。在健康方面，女性易產生婦科疾病，男性則容易影響泌尿生殖系統。除此之外，也有可能會影響受孕。

若這間房間是孩子的房間，床鋪下的穢氣多，則不利於讀書學習。

化解之法：

1. 將床鋪底下清空，保持床底空氣流通與整潔乾淨，使睡床周圍有好的磁場，人才能睡得安穩，自然有利於運勢及健康。

床鋪下堆積雜物，會使空氣無法流通而穢氣聚集

20. 臥室擺放石頭藝品

石頭或石塊經常做為居家風水中的「鎮宅石」，或當作抵擋煞氣的「泰山石敢當」，也經常將其使用於庭園造景，以增添情致雅趣。

但由於石頭的屬性為陰，陰寒的物品不太適合擺放在家中，更不適合擺放在臥室內。如果非得要擺放的話，僅適合擺放在客廳、書房的空間，但石頭藝品的數量不宜過多，也不宜過大。若臥室中擺滿了石頭藝品，人容易像石頭一樣固執，且身體易長瘤狀物。

此外，室內所擺放的石頭外形，需造型圓潤，不可有稜角或破裂，以免產生沖射煞氣。一般而言，由於石頭屬陰，在風水上的做法，可在石頭綁上紅線、或在石頭後方貼上紅紙、或在石頭下方墊上紅紙、或以朱砂點在石頭上，以轉陰為陽。

化解之法：

1. 移走擺放在臥房內的石頭。
2. 若要擺放石頭藝品，可擺放在客廳、書房，但不宜過大或過多，或另闢一間獨立的收藏室以做收藏。

21. 廚房對家人健康的影響

陽宅三要素：「門、主、灶」，「灶」是指廚房，特別是指爐灶的位置。在這個位置上，不可看到任何對爐灶有所沖射之物，如牆角、壁刀、梯刀……等等。廚房通常是女主人的領域，在這個空間出現的煞氣，會影響女主人的運勢與健康問題。

牆角、壁刀、梯刀……等煞氣沖射爐灶，真正會產生問題的部分，是在於這些煞氣不但沖射爐灶，主要是會沖射站在爐灶前煮飯的女主人。風水上強調「以人為本」，家庭主婦在廚房為家人辛勤地張羅三餐，然而卻站在這個充滿煞氣的位置，每天都受到煞氣的沖射，日子一久，身體當然會出問題。

廚房的煞氣，大體來說有以下幾種：

A. 灶居中

「灶居中」的問題，和「廁居中」一樣嚴重，剛好半斤八兩，一個為火氣的影響，一個為濕氣、穢氣的禍害。

屋宅的中心，即房子的「太極點」，又稱為「穴眼」，也稱為「皇權位」。適合規劃為神位、書房、客廳、餐廳的空間位置，但不可做為廚房、廁所。通常廚房的位置，會設計在房宅較後段，且有對外窗的區域。若是廚房或廁所位於房宅的中心位置，會造成極大的煞氣問題。

若廚房位於房宅的中心位置，沒有一個對外窗，會讓火氣油煙由穴眼向房宅四溢，讓人感到不適，不利於家人團聚，家人的個性也易火爆。廚房屬火，設置在「穴眼」上，容易導致心臟、血液、心腦血管、眼睛……等疾病問題。

灶居中

B. 爐灶上有窗

爐灶上有窗，則代表炊事不順，因為風會由窗戶吹進來，而造成爐火不穩。同時，食物易遭陽光照射而加速腐敗，也會影響家人健康。

C. 爐灶正對或緊鄰冰箱

爐灶正對或緊鄰冰箱，爐灶為火，冰箱為水，此為水火相沖，冷熱不和，提示著家人多病痛。

D. 爐灶正對或緊鄰水槽

爐灶正對或緊鄰水槽，爐灶為火，水槽為水，此亦為水火相沖，也是主多病痛，影響家人的和睦關係。

E. 灶包廁

廚房是烹調食物之處，攸關著家人的飲食健康，而廁所是排泄穢物之處，若是廁所位在廚房的空間內，則稱為「灶包廁」。在一些老式的房宅中，可能會有這樣的設計，穢氣的細菌混雜在食物中，肯定會產生衛生問題，主多病痛，也會有腸胃疾病的問題。如果廁所門和瓦斯爐正沖的話，廁所穢氣會直沖烹調食物的爐灶，問題會更加嚴重。有些灶包廁的廁所並沒有對外窗，唯一的窗戶就是開在廚房的那一側，這種「味煞」的穢氣問題也很嚴重。

F. 爐灶後見壁刀

若在廚房爐灶後方見到壁刀沖射，則提示著女主人下廚時，背後會受到壁刀所傷。其中的寓意，除了爐灶被壁刀所切而影響財運外，也提示著女主人容易有腰痠背痛，甚至會有開刀、意外等血光之災。

G. 樑壓灶

前文已提及樑壓灶的影響不大，因為樑的危害主要是針對人而言，風水上強調「以人為本」，但樑如果壓到人，就會產生負面的影響。

H. 冰箱正對房間門

廚房的冰箱若正對房間門，則該房間的人容易生病。因為人看到什麼就會想到什麼，如果一開房間門就看到冰箱，就會想要打開冰箱吃吃喝喝，當然無益於身體健康，尤其是動不動就喝冷飲，對身體的影響極大。

化解之法：

1. 不能將廚房爐灶設計在房宅的中心點，這才是根本之道。若是廚房爐灶雖然是在房宅的中段，但有對外窗，影響就會較小。

2. 在無法遷移廚房位置的情況下，廚房要有門與其他空間做區隔，以避免油煙及火氣四溢。並在爐灶上方設置強力排油煙機，將油煙排出室外。

3. 爐灶上有窗，會造成爐火不穩，且食物易腐敗，所以必須封閉爐灶上方的窗戶。

4. 爐灶正對或緊鄰冰箱、水槽，都會造成水火相沖、冷熱不和的問題，真正的解決之道，是在事前設計時就要做好妥善規劃。水槽、洗碗機、冰箱可以緊鄰或相對，因其五行同屬水；微波爐、烤箱、爐灶可以緊鄰或相對，因其五行同屬火。若水槽設在爐灶旁，間隔至少要有五十公分的距離，以免水槽的水流噴濺到爐火而造成危險。

5. 不能設計「灶包廁」的格局，這才是根本之道。在無法改變格局的情況下，必須設法減少穢氣對廚房的衝擊。可在廁所門加裝過膝長簾，及保持廁所的整潔。馬桶上方可擺放土種黃金葛之類的植栽，黃金葛上要綁上紅緞帶，因為這類植物屬陰，綁上紅緞帶可以轉陰為陽，並以鹵素燈投射在黃金葛上做化解。藉著光合作用，改善廁所內的穢氣。

6. 爐灶後若見壁刀，可將牆角的稜角磨圓，以減少傷害。

7. 若廚房天花板的橫樑，正好壓在女主人煮飯時所站立的位置，就要將橫樑進行包覆處理。

8. 若冰箱正對房間門，則要移走冰箱，安置在其他的位置，眼不見為淨，以減少飲食的慾望。

22. 廁所對家人健康的影響

廁所是排泄穢物之所，是家中必須要有的設施，但廁所的穢氣令人厭惡，若是廁所的位置安排不當，就會造成煞氣，進而影響家人的健康及運勢。以理氣格局而言，浴廁位置的飛星組合，最好是二黑、五黃等凶煞之星。因為浴廁是排泄汙穢的地方，也代表把凶煞之星的凶象排出宅外之意。不可把浴廁設置在當令向星和山星處，浴廁在當令向星處，代表會破財；浴廁在當令山星處，則代表不利人丁，新婚夫婦會不易生育，或有流產之虞；或是不利家人健康，人丁不聚。如果廁所位於家中的文昌位宮位，稱為「汙穢文昌」，則不利於讀書學習、考運及升遷運。若對家中文昌位佈局有興趣的讀者，可參考筆者的另一本著作《學風水一本就上手》。

前文提及屋宅中央是房宅的太極中心點，是一間房子的「宅心」，也是「穴眼」。宅中充滿生機活力的「生氣」，要從穴眼向整座住宅擴散。

但遇到「廁居中」的狀況就不妙了，試想讓一間沒有對外窗的廁所，位於穴眼的位置，就知道對整間屋宅的負面影響有多大。所導致的結果，就是整間房子都會受到穢氣影響，對家人的健康及運勢非常不利。所以風水上說：「**陽宅第二凶，最忌廁居中**」。

有些廁所雖然不是「廁居中」的位置，但由於沒有對外窗，或位於樓梯下方的空間，空氣不流通，則會產生異味穢氣且容易潮濕，而造成磁場不佳，影響家人健康。

此外，如果是在鄉村中的平房，則廁所不宜設在房子的正後方，以免擋住房宅正後方的來龍之氣，家人易生不明暗疾。但以現代公寓大樓而言，較不受這點影響，因為公寓大樓是集合式住宅，吉氣和煞氣都已經被平均稀釋了。

化解之法：

1. 遇到廁居中的房子，搬家才是上策。
2. 若在無法搬家的情況下，補救之法，可在廁所馬桶上方，擺放綁上紅緞帶的土種黃金葛之類的植栽，並用鹵素燈投射在黃金葛上做化解。藉著植物的光合作用以淨化氣場。要使用鹵素燈而不用 LED 燈，是因為鹵素燈會產生熱度，像是一顆小太陽般散發熱力。

3. 廁所門必須加裝過膝長簾，以避免穢氣四溢。門簾以整片式的設計為宜，不宜使用分片式門簾，除非該門簾有磁鐵的設計，會自行吸附闔上。

4. 可在廁所使用芳香劑，或放置薰香設備，讓空氣保持清新乾淨。

5. 可用除濕機及空氣淨化機，保持廁所的乾燥清新。

6. 廁所務必要做好清潔衛生，以降低穢氣的影響。

7. 對於廁居中，或是沒有對外窗，如位於樓梯下方的廁所，需要加強抽風設備，將這些穢氣異味及濕氣抽出。並可結合上述方法，綜合使用將穢氣降到最低。

23. 室內聲煞

前文已提及室外聲煞，對宅中之人的健康及精神狀況影響甚大。而室內聲煞的問題，也是必須要做好妥善的化解，才不會影響生活品質。

優雅的音樂琴聲能怡情養性，但刺耳嘈雜的聲音，或突然發出的巨響，往往讓人受到驚嚇。如有些人會在家中掛風鈴，風一吹就叮叮作響，夜半時突然發出的聲響，令人膽顫心驚，除了有招陰之虞，也容易造成腦神經衰弱。而立式的大壁鐘，平日答答作響，整點時還會發出報時巨響，在晚上周遭一片寧靜時，突然聽到匡噹巨響，實在會讓人心臟猛然一顫，容易造成腦神經衰弱。此外，房間掛的時鐘滴滴答答，同樣也會擾人心神。

有些人會在家中擺設魚缸、流水盆，但這些馬達幫浦會發出聲響噪音，而流水盆水流的流量若控制不佳時，也會造成流水聲嘈雜，令人煩躁不舒服，而成為聲煞。若是在臥房擺設魚缸、流水盆，不但會造成房間的潮濕，及影響睡眠品質，久而久之，也容易造成腦神經衰弱。若是家中水龍頭有漏水的現象，也會不斷地發出滴答響聲，這種種亂人心神的聲音，都是屬於「聲煞」。

化解之法：

1. 臥房內不要放置魚缸、流水盆、風鈴、時鐘……等會發出聲響之物。
2. 居家不要使用會發出聲響的大壁鐘。
3. 漏水現象不但是屬於聲煞，會擾人心神，也是在漏財，要趕快做好修繕處理。

24. 室內味煞

味煞除了室外的味煞，也有室內的味煞。味煞是一種腐壞或令人不適的味道，代表有細菌滋生的衛生疑慮，或其他影響健康的問題。

住宅內最容易出現味煞的地方，是在廚房和廁所。廚房的味煞，有可能是由於烹調時的油煙四溢，或是廚餘的處理不當，而導致臭味四溢，甚至會招來蚊蟲、老鼠。若是醃製食品未能妥善收納貯藏，也容易會有味煞的產生。

而廁所內若是通風不良，或未能做好清潔衛生，就會有味煞的問題。居家風水中，若有「灶包廁」的室內格局，除了會產生令人不適的味道之外，所烹調出來的食物衛生問題也令人堪憂。家中寵物的排泄物，若未能做好適當的處理，也會造成味煞。味煞會讓人頭暈腦脹、思慮不清，甚至因為衛生不佳而導致消化道疾病、工作不順……等問題。

此外，室內裝修也可能會使用到含有甲醛的塗料、油漆、合成板材、家具……等，甲醛被廣泛地運用於建築材料和黏合劑中，是一種無色而帶有刺激性氣味的氣體，屬於致癌物，對健康有害。因此，這也是一種較嚴重的室內味煞。

化解之法：

1. 化解住家的味煞，做好清潔衛生是根本之道。要做好各個區域的清潔整理，若有養寵物，則要妥善處理好寵物的排泄物及毛屑問題。
2. 廚房的味煞，若是由於油煙四溢所引起，烹調時要打開對外窗，或用強力的排油煙機將油煙排出。
3. 要將廚餘妥善處理，醃製食品則要妥善收納貯藏。
4. 若有「灶包廁」的室內格局，廁所要加裝過膝長簾，以阻絕穢氣進入廚房，並參照前文「廁居中」的化解方式處理。
5. 對於甲醛家具的味煞化解，需要用綜合化解法，除了在家種植植物淨化空氣，並時常開窗通風外，可使用光觸媒分解甲醛，與有除甲醛功能的空氣淨化機淨化空氣。

六、實質型煞氣與心理暗示型煞氣

從以上室外與室內煞氣的介紹中，相信讀者對煞氣的本質，能有更深入的瞭解。住宅若面對嚴重煞氣或是複合型煞氣，最好的解決之道，就是搬家。在無法搬家的情況下，才使用化解法，但那也是在不得已的情況下所採取的做法。如果讀者在購屋或租屋前，就能對這些嚴重或複合型的煞氣有所瞭解，則能避開這些風水地雷房。

煞氣的化解法，以「遮、擋、化、鬥、避」為原則。視其情況選擇適合之化解法，能遮的遮，該擋的擋，可化解的就化解，盡量不採用較為霸道的「鬥法」，真的化解不了，或是沒有化解的必要，就要搬家以避開這些嚴重或複合型的煞氣。

有些煞氣是屬於實質型的煞氣，有些煞氣則是屬於心理暗示型的煞氣。實質型的煞氣，如天斬煞湍急強勁的風力灌入自宅，或是戶外真壁刀所造成的風切，或是路沖造成車輛可能衝進自宅的危險。面對這類型的煞氣，是不管你相不相信風水的煞氣，都一定會受其影響，是屬於較凶險的煞氣，必須要盡速妥善處理，否則就會深受其害。

而有些煞氣是屬於心理暗示型的煞氣，如藥罐煞、棺材煞……等這類型的煞氣。如果你會受到心理暗示的影響，那麼這類煞氣的影響就大。譬如看到棺材煞，每天就覺得非常晦氣，開始心神不寧而疑神疑鬼，疑心生暗鬼，久了之後，當然就會產生一些精神失調的狀況，或在家中見到陰邪之物。但若是你不會受到這類心理暗示型煞氣的影響，那麼煞氣的影響層面就小。

以筆者個人的看法而言，後者這類型的煞氣，並不屬於真正的煞氣，當你相信時，才會產生影響，所以這是屬於心理層面上的煞氣。雖然以實質而言，並不算是真正的煞氣，但因為「心生法界」的緣故，心理會影響生理。如同前文所提及「杯弓蛇影」的故事一樣，雖然只是弓的倒影，但當此人認為是蛇跑進了他的肚子，在心理作用下，不斷地進行自我暗示，最後就生病了。因此，心理暗示的煞氣有其影響力，也不能輕忽。

因此，可採用某些化煞物以安定人心，這也就是為何很多人在面對這類心理暗示型的煞氣時，會採用乾坤太極圖、山海鎮、八卦鏡、九宮八卦牌……等民俗宗教化煞物。使用後覺得有效果的原因，是因為讓不安的心靈得到安定的緣故，「心病」需要「心藥」醫。在這種情況下，這類型的民俗宗教化煞物，就如同心藥一樣，也能起到效用。

心靈的力量頗為強大，在某些醫學的實驗中，雖然患者只是吃了屬於安慰劑的藥丸，但其疾病也竟然得到了療癒改善。當患者相信吃這顆藥丸，會對其症狀有所效果時，身體強大的自癒力也會開始產生作用。

此外，讀者也須瞭解，這類屬於心理暗示型的煞氣，如果太大或太接近於自宅的門窗納氣口，那會成為實質型的煞氣，因為已經不利於門窗納氣口的納氣，且會形成逼壓。

實質型的煞氣，會對住宅的磁場產生影響，同時也會影響宅中之人，必須要做好妥善化解。譬如前文所提及的天斬煞、壁刀風切的危害，這種煞氣為何凶險難處理，這是因為它是屬於真正會產生影響的實質型煞氣，若不採取真正實用有效的風水化解方式，根本處理不好。

如果面對這類型的煞氣，懸掛上述的民俗宗教化煞物，真的有辦法擋住灌進來的風切嗎？以常理而言，筆者個人是不太相信，但當然也不能排除或許這些經過開光，或到廟裡過了主爐的民俗宗教化煞物，有得到神明神力的加被，神明每天在你的宅外幫忙擋住強風也未可知，讀者必須自行判斷。

不同的煞氣，可能可以採用相同的方式化解處理，如以種植植物、圍籬樹牆的方式，可化解路沖、剪刀煞……等煞氣；又如在窗戶上黏貼霧面貼紙，可化解反光煞、棺材煞……等煞氣。當然，亦可將不同的化煞方法整合起來，採取複合式的綜合化解法，增強化煞防護力而更為保險。

筆者對於化煞所採用的方法，盡量以東西方人都能接受的方式，在化煞中盡量不留化煞的痕跡，不顯突兀且不影響家居風格下為前提。

譬如大門外有煞氣，在空間不足而無法設置玄關或擺放屏風的情況下，大門前可點燈，大門後方的天花板上則可安裝橫向的三盞燈，以增強氣場能量，並攔阻煞氣。筆者個人盡量不採用民俗宗教化煞物做化解，如山海鎮、八卦鏡、九宮八卦牌……等民俗宗教化煞物，也不使用「諧音心理暗示法」，如在家中的天花板橫樑掛上「簫」，以象徵煞氣「消」失的這類方式。若在某些特殊情況下，真的需要使用民俗宗教化煞法，或諧音心理暗示法時，也是在其合理使用，且能達到效果的前提下才會使用。

化煞工作進行前，讀者也需先將自宅的室內室外進行清潔整理，物品盡量做好收納，當物品收納乾淨整潔後，家中的氣場才會乾淨通暢，而令人神清氣爽，自然有益於財運及身心健康。

肆 推算風水理氣的前置作業

肆

推算風水理氣的前置作業

風水堪輿的組成，包含巒頭和理氣兩部分。有關巒頭的堪輿看法，各個風水流派大致相同，但在理氣上的理論及觀點就大相逕庭。由於筆者學習的背景，是「玄空飛星風水學派」，所以在本書所提及的理氣觀點，是以玄空飛星風水為主軸的陽宅堪輿。

風水病的致病原因，是由於壞巒頭與壞理氣相結合所致，所以也必須要向讀者簡單地介紹一些風水理氣的相關知識。

本篇會以簡要的方式，敘述如何判斷住宅的朝向、如何使用羅盤或指南針，與如何排出「宅飛星盤」。有了這些理氣知識做為基礎，讀者在接下來閱讀與理氣相關的風水病的內容時，才不會不知所云而一頭霧水。

此三部分，在筆者的另一本著作《學玄空飛星風水，一本就上手》中，分成三篇詳細介紹。但在本書則僅在本篇以濃縮扼要的方式簡述，避免佔太多篇幅。讀者若有興趣深入，想更加瞭解，可以參閱《學玄空飛星風水，一本就上手》一書。

玄空飛星風水學派有一套推算屋宅理氣的方式，排出屋宅專屬的「宅飛星盤」。這張宅飛星盤就是住宅的「命盤」，如同人的八字、紫微斗數一般，玄空飛星派的風水師，可由此宅飛星盤的推算，結合外巒頭的美惡，以判斷屋宅的吉凶禍福，稱為「憑星斷事」。

因此，要探討理氣所造成的疾病之前，必須對如何推算房宅理氣有基本的認識，這是屬於推算風水理氣的前置作業，包括三個步驟：

1. 找出房宅的主要納氣口，確認宅向的位置。
2. 在宅向的位置上，使用羅盤或指南針，定出精確的座向方位。
3. 依據房宅的座向及房宅的元運，排出宅飛星盤。

再藉由宅飛星盤，分析宅中之人的健康、人丁旺衰、家庭人倫關係、事業發展或財運……等等。

一、找出房宅的主要納氣口，確認宅向位置

—王氏座向系統判斷法

要推算宅飛星盤之前，首先要確定在房宅的何處使用羅盤量測，該位置即是宅向的位置。但針對這個問題，風水界存在著極大的爭議，有以大門為向、有以最大的採光面為向、有以路為向……等。筆者認為現代房宅的座向判斷，有可能是要以大門為向，也有可能是要以最大的採光面為向。具有最大採光的那一面，通常也是落地窗拉門或陽台的位置，這也是一個門，一個納氣口，所以要看實際的屋型，及屋宅周遭環境而論。

因此，筆者認為傳統上以大門來定宅向方位的方法，在現今多元化的建築設計中，只能當作是一個參考，主要還是要由整體綜合判斷來分析，以找出房宅的「主要納氣口」。

以平房或透天厝而言，最大採光面的落地窗拉門和大門都是門。筆者認為，哪一個門位在最繁華熱鬧的地方，那個門就是房宅的「主要納氣口」。門的作用是納氣，門為口，嘴巴的功用是進食，從哪個位置的口，可以吃進最豐盛的食物，納入最繁華的氣，那個位置的口，就是屋宅的「主要納氣口」。

以今日複雜且多元化的建築設計而言，單一的一種座向判斷法，已經無法判斷所有的屋宅及公寓大樓的座向狀況。話雖如此，但我們有沒有辦法歸納出對屋宅座向判斷先後順序的原則呢？

經過筆者不斷地思索體悟，總結整合出一套系統邏輯性的座向判斷步驟法則，命名為「王氏座向系統判斷法」，提供給讀者做參考。

透過這種依照屋宅狀況，按部就班的判斷，是相對嚴謹的方式，也可以調和各家的爭議。由於各家的宅向判斷法，都有其適用的狀況，所以都值得參考，但也因為這些方法都有其侷限性，無法一體適用於目前所有的房宅狀況。因此，筆者提出這一套系統邏輯性的座向判斷法，就具有極大的適用性。如同中醫的辨證論治，只要辨出疾病的證型，就能開立相對應的處方一樣。

王氏座向系統判斷法

（一）一般樓房座向判斷法

判斷原則一：

先在房宅外走一圈，如果大門口明顯與屋宅前的主要道路同向，即大門口位於主要道路的那一側，就以大門為向。可以不用考慮屋宅前後左右的長短問題，也不用管哪一側有最大的採光面。因為此時的大門口開在主要道路側，已經可以納入道路的繁華旺氣。門為口，在這裡嘴巴可以吃進最豐盛的食物，納入最繁華的旺氣，所以大門的朝向，就是屋宅的宅向。

大門與主要道路同側，以大門為向

大門與主要道路同側，以大門為向

判斷原則二：

當大門不是與主要道路同側，而面對主要道路側有大面的落地窗拉門，則要以這面落地窗拉門的位置為向，即以陽為向之意，因為在這面大落地窗拉門的位置，能吸納最繁華之旺氣。

大門與屋宅不同向，要以靠近主要道路那一側的落地窗拉門為向

判斷原則三：

如果房宅位於道路的轉角處，主要道路的那一側是房宅的牆壁，所以大門口不是位在主要道路的那一側，而是位在與主要道路交接的次要道路上，以這種情形而言，就以位於次要道路上的大門為宅向。如下圖：

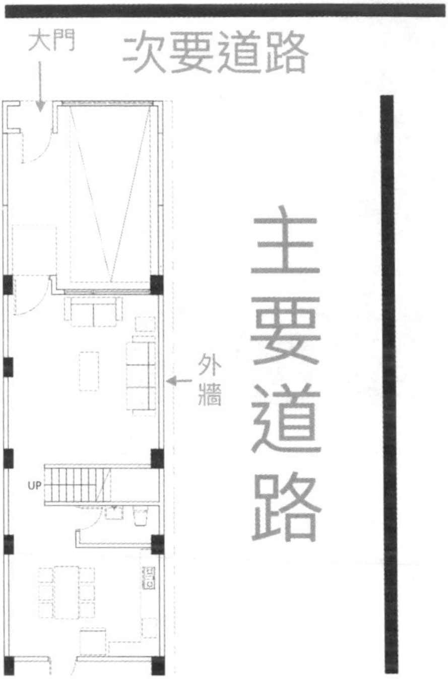

判斷原則四：

有些庭園住宅兩側都有房宅，靠主要道路側又是自宅的牆壁。就以陽面為向，尋找最大的採光面納氣口。以有景觀且採光良好的大面落地窗拉門或陽台處，做為第一優先考量。此時就不能以大門做為主要的考量了。因為大門已經失去了吸納主要道路能量的功能，所以要找最大的採光面納氣口，做為宅向的位置。見下圖：

當大門已經失去吸納主要道路能量的功能時，就要找最大的採光面納氣口進行羅盤量測

通常這樣有景觀、採光良好的落地窗拉門或陽台，可能會與大門同側。如果同側的話，與大門的方位角度會相同。但更大的可能性，不與大門同側，而在與大門牆壁鄰接的另一側。

判斷原則五：

如果大門雖然不是與主要道路同側，然而屋宅也沒有其他的落地窗拉門或陽台，那麼還是要以大門為向，因為這代表大門仍是房宅的主要納氣口。如下圖：

大門與主要道路雖不同側，但仍是住宅的主要納氣口

大門與主要道路雖不同側，但仍是住宅的主要納氣口

判斷原則六：

有些連棟房子的車庫，設計在房宅的後方，車子開入車庫後，有通往房宅內的內門。雖然經常由此車庫門進出，但不能將這個車庫門視為大門，或用來判斷宅向，判斷法則要按照前述的順序原則。

車庫設計在房宅後方

以上的判斷原則，相信可以適用於絕大多數的平房或透天厝。對於極少數特異不易判斷宅向的房宅，要掌握最重要的原則，即透過觀察房宅的屋型門窗，及外環境的街道狀況，找出房宅的「主要納氣口」，以判斷宅向。

（二）公寓大樓座向判斷法

公寓大樓的座向判斷法，與平房和透天厝的判斷法不同。因為公寓大樓是「集合式住宅」，故而每一個住戶不能視為獨門獨戶。筆者將公寓大樓的座向判斷原則，簡化成以下定義：「**一棟公寓大樓只有一個朝向，要以這棟公寓大樓的主要納氣口位置來定向**」。

對於公寓大樓座向判斷法的定義，筆者做較深入的說明解釋如下：

一棟公寓大樓就如同一個站立的人一般，「主要納氣口」就如同人的嘴巴，一個人一張嘴巴，人面向何處，嘴巴就朝向何處。因此，公寓大樓的座向，要以「整棟大樓的朝向」為向，大樓內的各個住戶單位不能各自為向。一棟大樓內，所有的住戶單位都是生命共同體，要使用共同的飛星盤計算。

然而，雖然是使用同一個飛星盤，但因為每個住戶單位，有其室內格局的差異性，如住戶單位位於大樓的後方區域，與大樓的整體方向相背，即使是使用同一個飛星盤套入時，也會得出不同的結果。又如不同樓層所見到的明堂、砂水與外煞均不同，也會導致有不同的分析結果。此外，由於居住者的年齡、工作、性別、身分不同，也會讓飛星盤的分析解讀不同，這也是居家風水「以人為本」的體現。

公寓大樓的座向判斷原則如下：

判斷原則一：

整棟大樓的朝向，是以最熱鬧繁華的那一面，即靠主要道路那一面的共同出入口為向。

大樓的朝向，是以最熱鬧的那一面的共同出入口為向

判斷原則二：

有些住商合一的大樓，在面對最繁榮的主要道路側，一樓設計為店面，沒有出入口，出入口位在大樓的另一側。那麼還是要以靠近主要道路，最繁榮的這一面為向，因為這一面才是正面，能夠吸納最旺最繁華的氣場，此時就不能以後面或側面的出入口為向。

住戶信箱
商鋪上方二樓的住家，
由大樓後方的門出入

商鋪上方的二樓為住家，
出入口在後方（後方拍攝）

商鋪上方的二樓為住家，
出入口在後方（正面拍攝）

商鋪上方二樓的住家，
由大樓後方樓梯口進入

商鋪上方的二樓為住家，
出入口在後方（後方拍攝）

判斷原則三：

多棟大樓的社區，需以各自大樓獨立的出入口來判斷座向，而不是以整個社區的總出入口來判定。這個社區是指自成一格，相對封閉的幾棟樓的範圍，而不是指與繁華地段相連的大社區。如果是這種情況，就以不能違反上述「判斷原則二」為前提。

以上這個座向判斷先後順序的法則，是筆者整合歸納風水前輩們的說法，經過不斷思索體悟後，所總結出來的一套整合及創新的座向判斷原則。以這套具有系統邏輯性的方法來判斷房宅座向，找出宅向的位置，相信可適用於絕大多數的現代房宅，在此提供給讀者做參考。

這一套系統邏輯性的操作法，有著古今風水前輩方法的傳承，也有著筆者個人的整合創見與體悟。如果讀者能按照以上「王氏座向系統判斷法」的操作程序，做出按部就班的判斷，見到不同的房宅，做出不同的判斷，就能找出房宅的「主要納氣口」。對於判斷宅向，就不會再感到迷惘困惑了。

筆者的重點，只是在幫助讀者理出一個思路，而不是在評判其他風水老師的說法正確與否。因為各家有其獨特判斷宅向的心法與經驗，外人實不得而知，其所堅持的座向判斷方法，可能還更適用於其風水學派的理論與應用。因此，筆者所提出來的這套法則僅供參考，請讀者自行判斷。

二、使用羅盤或指南針，定出座向

在上一節中，讀者已經瞭解如何找出房宅的「主要納氣口」，做為宅向的位置。在找出宅向的位置後，接下來就要在這個位置，對房宅的方位做出更精準的量測，此時就需要用到風水羅盤或指南針來量測。

對風水初學者而言，量測房屋座向所使用的工具，可以是羅盤，也可以是指南針，只要知道指南針量測出來的度數，是對應到羅盤「地盤」二十四山的哪一山，即可推算「宅飛星盤」，不一定要使用羅盤，最重要的是讀取出來的度數。

量測座向用的是磁北，所以看的是羅盤中的「正針二十四山」，也就是「地盤」，「地盤」是位於接近中央天池側的「二十四山」。

在風水羅盤的運用上，不講八方，也就是不講東、西、南、北、東北、東南、西南、西北等八個

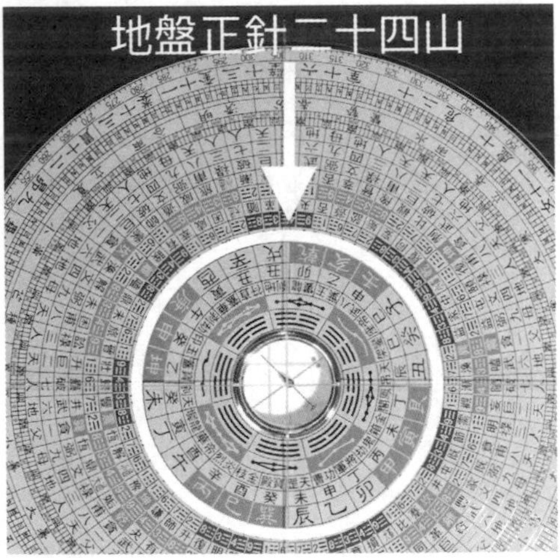

羅盤用磁北量測宅向，也就是羅盤上的地盤正針二十四山

主要的大方位，而是講「二十四山」。即一個大方位，可分成三個小方位，這個小方位，就稱為「山」。一個大方位是45度，因為圓周360度除以8等於45度，但再分成三個小方位，一個小方位，就是15度。

舉例而言，屬於北方坎宮的方位，涵蓋45度的範圍，可分成三個山的小方位，羅盤上用壬、子、癸代表。壬、子、癸三山，每座山包含15度的範圍。

與地盤二十四山對應的角度

角度	二十四山	英文代號	方位		角度	二十四山	英文代號	方位
337.5°-352.5°	壬	N1	北方		157.5°-172.5°	丙	S1	南方
352.5°-7.5°	子	N2			172.5°-187.5°	午	S2	
7.5°-22.5°	癸	N3			187.5°-202.5°	丁	S3	
22.5°-37.5°	丑	NE1	東北		202.5°-217.5°	未	SW1	西南
37.5°-52.5°	艮	NE2			217.5°-232.5°	坤	SW2	
52.5°-67.5°	寅	NE3			232.5°-247.5°	申	SW3	
67.5°-82.5°	甲	E1	東方		247.5°-262.5°	庚	W1	西方
82.5°-97.5°	卯	E2			262.5°-277.5°	酉	W2	
97.5°-112.5°	乙	E3			277.5°-292.5°	辛	W3	
112.5°-127.5°	辰	SE1	東南		292.5°-307.5°	戌	NW1	西北
127.5°-142.5°	巽	SE2			307.5°-322.5°	乾	NW2	
142.5°-157.5°	巳	SE3			322.5°-337.5°	亥	NW3	

羅盤的結構，是由「天池」、「內盤」和「外盤」組合而成。

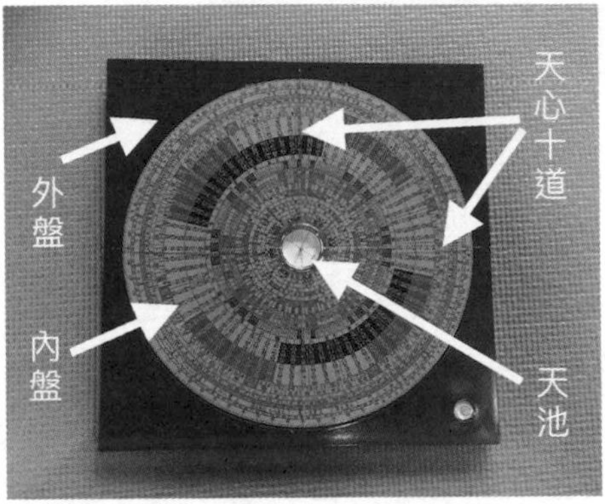

羅盤的中央部分，稱為「天池」，又稱為「海底」。海底的圓盒，是標準的圓柱體，海底底部是白色底部，畫上用來定位的紅色「海底十字線」，要呈九十度直角，「頂針」固定在海底十字線的交點上。有些羅盤的海底底部，不用紅色十字線，而是只有一條紅線，紅線是以南北定位的，紅線下方有兩個點，有兩個點的方位就是正北方。上面有一根很靈敏的磁針，磁針有一端，是有兩個像牛角般的尖狀物，在轉動內盤做方位校正時，這兩個牛角般的尖端，要正好落在兩個紅點上。

天池（海底）的外面，是銅面黑底金字或金底黑字或黃底的活動轉盤，稱為「內盤」或「圓盤」。內盤上有一圈圈的文字，從五行八卦、天干地支、節氣方位到天文曆法……等，習慣上一圈稱為一層。

羅盤有各種大小尺寸，層數也不同，但其中一定會有一層是二十四山方位。內盤的外側

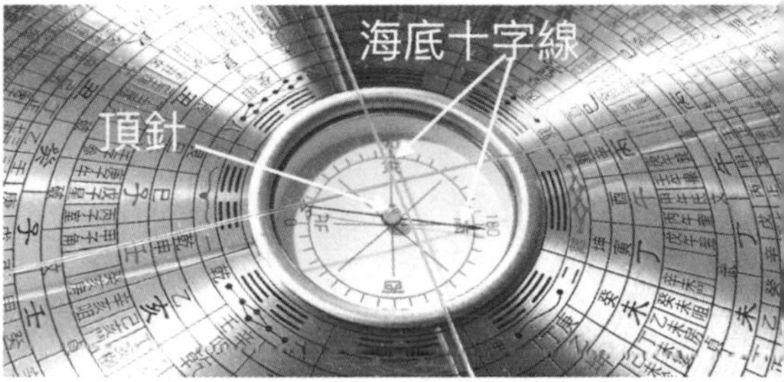

天池有兩條東西南北呈直角的垂直線，稱為「海底十字線」，頂針在十字線交叉的位置

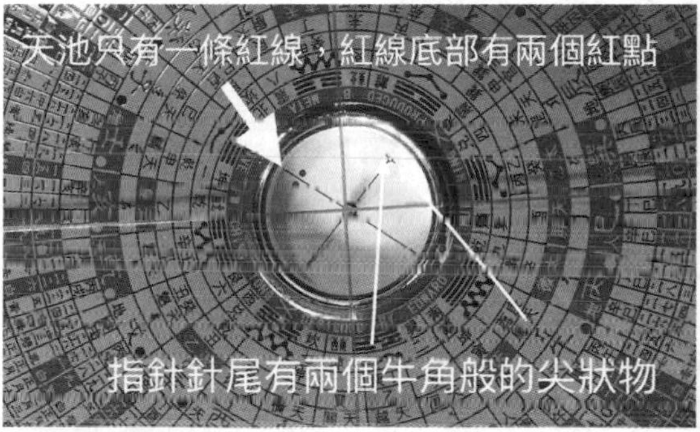

有些羅盤的天池只有一條紅線，紅線的底部有兩個紅點

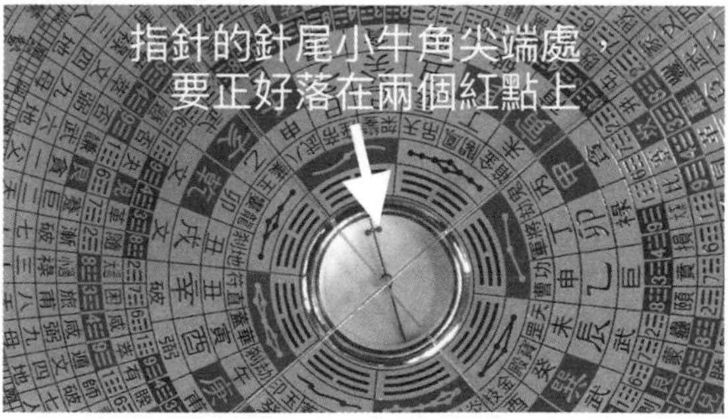

轉動羅盤內盤，讓指針針尾的兩個小牛角尖端處，要精準落在兩個紅點上

是一方形盤身，稱為「外盤」或「方盤」。外盤有四個小孔，分別由兩根魚絲線或膠線，以十字形穿於四邊中間的小孔內，它是用來定坐山和向山的，這兩條垂直的十字魚絲線，稱為「天心十道」或「十字天心」。

羅盤的種類很多，但無論是哪個風水門派的羅盤，中間必有一層是二十四山方位。從北方開始依順時針排列，分別是壬子癸、丑艮寅、甲卯乙、辰巽巳、丙午丁、未坤申、庚酉辛、戌乾亥，共二十四個方位。

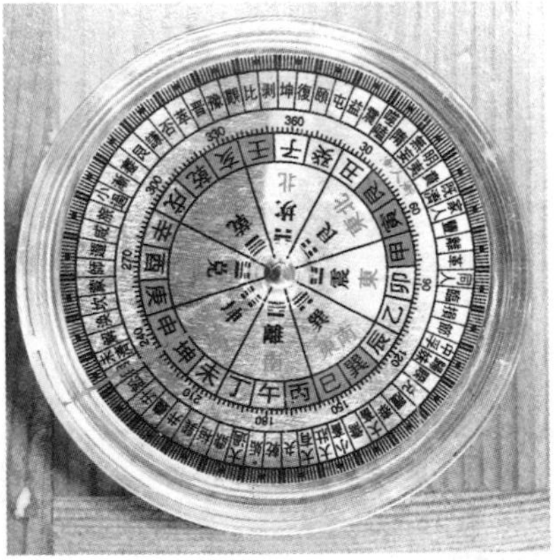

沒有天池的小自動羅盤，也有地盤二十四山

量測者使用羅盤量測時，要面向房宅，雙手分別托住羅盤外盤兩側，雙腳略為分開。將羅盤放在胸腹之間的位置上，保持羅盤水平狀態，不可左高右低，或者前高後低。

再調整羅盤，羅盤上方的十字魚絲線，其中一條線需與宅向切面保持平行，另一條線則與量測者呈垂直。

在確認羅盤與所面對的宅向切面精準平行後，再開始轉動內盤，用來校準磁針。使用雙手的大拇指轉動圓形的內盤，當內盤轉動時，天池內的磁針也會隨之轉動。將內盤轉動到磁針與天池內的紅線重疊在一起，並且靜止下來為止。讓指針的牛角尖端處，剛好位在天池紅線底部的兩個紅點處，或是天池紅色十字線寫「北」字的正北方，也就是0度的位置，取得房子的座向及角度。

此時，查看羅盤上與持羅盤者的身體呈垂直的紅色魚絲線，壓在二十四山的哪一個字上，以接近房宅的那一側為坐山，靠近量測者身體的這一側為向山。譬如靠近量測者身體的這一側的字若為「午」，而接近房宅那一側的字為「子」，則稱這間房宅的座向為「子山午向」或「坐子向午」，而不稱為「座北朝南」。

用羅盤或指南針找出屋宅的座向，如得出子山午向、壬山丙向……等座向後，我們就可以開始進入「宅飛星盤」的理氣計算應用了。

以接近房宅的那一側為坐山，以靠近量測者身體的這一側為向山

三、排出宅飛星盤

「宅飛星盤」又稱為「宅飛星圖」，可藉此推算此宅的吉凶禍福，就如同人的八字一樣，所以又稱為「宅命盤」。其中所包含的訊息量極大，根據飛星組合的吉凶，分析其中的生剋關係，可用來推算居住者的健康、人倫關係、財運……等等。而每年有不同的流年飛星加臨時，也會產生不同的變化。

透過這些收集來的資訊及數字進行分析，做為風水調整的根據，最後能達到趨吉避凶，這是研究玄空飛星學的目的。

要排出「宅飛星盤」之前，筆者先將「玄空飛星」略做介紹。「玄空飛星」是一門研究九宮飛星飛泊的風水堪輿學說，講究的是風水會隨著時間的推移，不同飛星的飛泊所到之處，會產生不同的吉凶變化。我們研究玄空飛星風水，就是要分析飛星的組合變化，並透過五行生剋補洩之法，做適當的興旺吉星和化解煞星等風水調理。

要瞭解九宮飛星之前，我們必須先來簡單瞭解什麼是「三元九運」。在曆法上，每六十年稱為「元」，上元掌管六十年，中元掌管六十年，下元掌管六十年，三元總共一百八十年。

將九宮的這九顆星，套進去這一百八十年當中，每一顆星分別掌管二十年。這九顆星的名稱，為一白星、二黑星、三碧星、四綠星、五黃星、六白星、七赤星、八白星和九紫星。分別掌管一到九運，每個元運各二十年，總共一百八十年。當一百八十年結束的時候，又再由一白星掌管一運，如此循環不息。

目前正處於八運(2004年－2023年)的時期，所以掌管八運的八白星稱為「當令星」。在這二十年當中，八白星所飛到的方位，稱為「當時得令」，是一個旺方。

在八運當中，八白星稱為「當令星」，而掌管九運的九紫星，和掌管一運的一白星稱為「未來星」。在八運時，九紫星也稱為「生氣星」，是一顆充滿生機的吉星，而一白星也稱為「遠生氣星」，是屬於一顆未來吉星。

在八運時，退運的二黑星到七赤星都稱為「退運星」，也稱為「失令星」。退運星中，以二黑星和五黃星最為凶險，是一級凶煞星。二黑星又稱為「病符星」，會造成病痛不斷。當前是八運，即將進入九運，二黑星要到二運才當令，所以在八運剩下的這幾年，再加上九運的二十年，這顆凶星會持續保持破壞力。

五黃星又稱為「正關煞」或「戊己大煞」。目前是八運，要再等一百年後五黃星才會當令，最快也要到三運時，也就是六十年後，五黃星才會漸漸轉為吉星，所以至少在這六十年間，五黃星都會是顆一級煞星，必須要化洩處理。

對於凶星所到的方位，需要藉由風水的五行化洩，來化掉凶煞。不同的方位有著不同的含意，而不同的飛星，在得令和失令時，也有著不同的吉凶意涵。

筆者整理以下圖表，讓讀者可以快速掌握九星所代表的屬性及意涵。

九星所代表的屬性及意涵

序號顏色	陰陽屬性	五行	星名	主要影響	當運	失運
一白	陽	水	貪狼星	桃花文職	桃花感情順遂，官運及財運亨通	破財、損家、爛桃花、流落異鄉
二黑	陰	土	巨門星	身心病痛	位列尊崇，成就偉業	爲病符星，遭破財橫禍、病痛不斷、死亡絕症
三碧	陽	木	祿存星	官非鬥爭	辯才無礙，適合當律師、法官	爲官符星，有官非訴訟、意外、破財招刑罰、盜賊入屋
四綠	陰	木	文曲星	讀書考試	文化藝術，才華洋溢	爲桃花劫星，招酒色之禍、淫亂
五黃		土	廉貞星	災病凶煞	位極尊崇，顯貴無比	爲正關煞，易有死亡絕症、血光之災、家破人亡，動土則遭凶煞
六白	陽	金	武曲星	軍警官運	軍警獲拔擢，武將勛貴，丁財兩旺	失財星，可令傾家蕩產
七赤	陰	金	破軍星	盜賊破財	大利以口才爲主的職業，如歌星、演說家、占卜家、記者等	口舌是非，易有火災，及開刀手術、呼吸系統的問題。出外易招盜賊，小人環伺
八白	陽	土	左輔星	富貴功名	爲九星中第一吉星。富貴功名不絕，發財添丁，廣置田產	爲失財失義
九紫	陰	火	右弼星	福祿喜事	喜事臨門，有情人成眷屬，爲一級喜慶星及愛情星，代表桃花人緣，貴客盈門	爲桃花劫星，亦主火災、心臟病、眼疾、流血

我們已經瞭解九星的特性後，接著要來學習實際的操作，即如何排出宅飛星盤。筆者先介紹九星的飛泊順序，九星會依照「洛書元旦盤」的方向進行飛泊。

玄空飛星是由洛書演變而來，不管是固定方位所代表的意義，還是九星飛泊的順序，都和洛書有著極為密切的關係。洛書的口訣：「**戴九履一，左三右七，二四為肩，六八為足，中央居五**」。

將以上的數字結合相對位置，套入以下表格，就是以五居中的洛書九宮格，稱為「洛書元旦盤」。

4	9	2
3	5	7
8	1	6

再套入方位，可以得到下圖：

東南－4	南方－9	西南－2
東方－3	中宮－5	西方－7
東北－8	北方－1	西北－6

我們可以看到數字移動的順序，從中宮的5↓飛到西北方的6↓飛到西方的7↓飛到東北方的8↓飛到南方的9↓飛到北方的1↓飛到西南方的2↓飛到東方的3↓飛到東南方的4↓最後飛回到中宮的5。

我們將5進入中宮的飛星飛泊軌跡排出，如下圖所示：

這是以5入中宮的飛行飛泊軌跡，但當其他飛星飛入中宮時，只是代入的數字不同，但飛泊的軌跡完全一樣。

如以一白星的1飛入中宮，九宮的飛星數字如下圖：

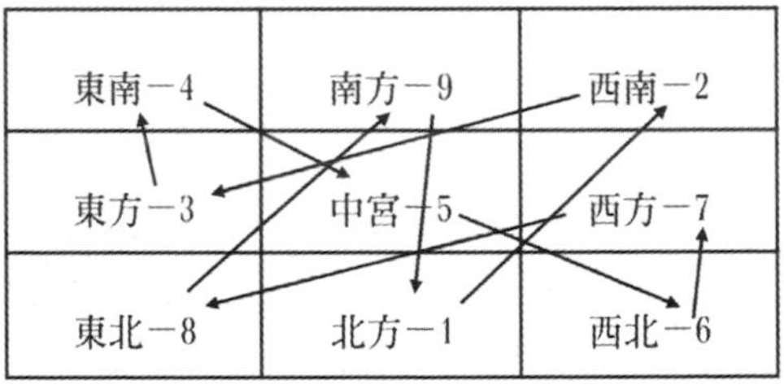

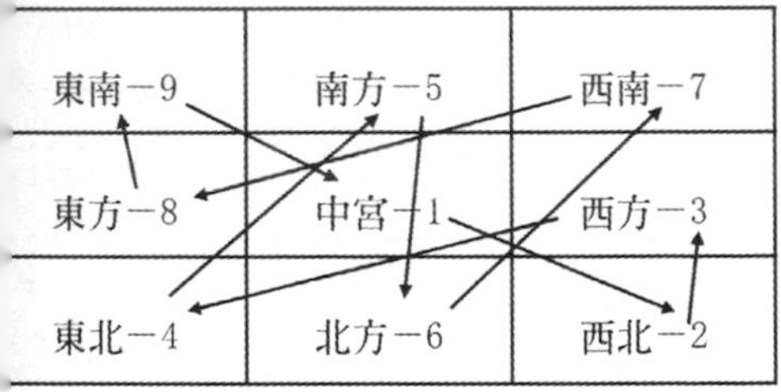

在上圖的九宮格中，中宮位置是1，也就是一白星。我們不用去記住這張圖表中每個飛星數字的位置，因為這些位置都是會變化的，重點是一定要記住圖中箭頭的軌跡，這就是九宮飛星飛泊的順序。同時，筆者也已經註明方位，這張圖是上南下北，左東右西，洛書的九宮方位就是如此。

依照玄空飛星的三元九運的理論，每個元運各二十年，總共一百八十年為一個循環。以下筆者列出離我們最近的一到九運，給讀者做參考。

一運：1864 年-1883 年

二運：1884 年-1903 年

三運：1904 年-1923 年

四運：1924 年-1943 年

五運：1944 年-1963 年

六運：1964 年-1983 年

七運：1984 年-2003 年

八運：2004 年-2023 年

九運：2024 年-2043 年

以房宅落成之年的那一個元運數字入中宮，再加上房宅座向，就可以排出該房宅的「宅飛星盤」。

現在就正式進入計算房宅飛星盤，以一間建於1976年的壬山丙向房宅為例，對照以上元運，得出這是屬於建於六運的房宅。

首先，先畫出九宮格，將元運星六代入中宮，依飛星順飛的飛泊軌跡順序，依次填入九宮格中，得出以下結果。

丙↑

五	一	三
四	六	八
九	二	七

壬

筆者在北方坎宮下方註明壬，讓讀者知道坐山是壬山，在南方離宮上方註明丙，讓讀者知道向山是丙山，並用↑表示屋宅朝向的方向。本文中所提到的房宅飛星盤，都是以此法標記，不再贅述。

因為座向為壬山丙向，壬山在北方坎宮，將坎宮的二，放在中宮六的左上方，改以阿拉伯數字書寫為2，代表坐山的「山星」，也稱為「坐星」，一般習慣上稱為「山星」。

接著找丙山，丙山在南方離宮，將離宮的數字一，放在中宮六的右上方，改以阿拉伯數字書寫為1，代表向山的「向星」，也稱為「水星」，一般習慣上稱為「向星」。這個步驟很重要，不要將山星和向星的位置弄錯了，一旦弄錯，全盤皆錯。

丙 ↑

五	一	三
四	2 1 六	八
九	二	七

壬

下一步更重要，也是較需要動腦筋的部分，主要是牽涉到飛星順飛和逆飛的順序。所謂的順飛，是從中宮開始，按照九宮飛泊的順序順著飛，如6→7→8→9→1→2→3→4→5；所謂的逆飛，是從中宮開始，也是按照九宮飛泊的飛行軌跡，但數字要逆推，如6→5→4→3→2→1→9→8→7。因此，不管順飛或逆飛，飛泊的軌跡都一樣，主要的差別在順飛是數字順推，逆飛是數字逆推。

要知道山星與向星如何順飛和逆飛，坊間的風水書籍有不同的推算方法，在此筆者將最簡單的推算方法提供給讀者做參考。

首先讀者要知道二十四山在四正位與四隅位的順序。

四正位

北方	坎宮	壬
		子
		癸
東方	震宮	甲
		卯
		乙
南方	離宮	丙
		午
		丁
西方	兌宮	庚
		酉
		辛

四隅位

東北方	艮宮	丑
		艮
		寅
東南方	巽宮	辰
		巽
		巳
西南方	坤宮	未
		坤
		申
西北方	乾宮	戌
		乾
		亥

我們只要知道了四正位及四隅位每一宮的順序即可，順序不能顛倒錯亂。

接著我們來看中宮山星和向星的數字，只要是中宮山星或向星出現奇數1、3、7、

9，對應的就是陽、陰、陰；出現偶數2、4、6、8，對應的就是陰、陽、陽。如果是5的話，則是看本來的坐山或向山的陰陽排序。

筆者以六運壬山丙向的房宅為例：

丙↑

五	一	三
四	2 1 六	八
九	二	七

壬

先以中宮山星2開始推算，2是偶數，偶數對應的排序是陰、陽、陽，而對應到坐山宮位坎宮的三山是壬、子、癸。因此，對應的結果如下：

陰－壬↓逆飛

陽－子

陽－癸

該房宅是壬山丙向，所以壬山是對應到陰，陰代表要逆飛。因此，從中宮開始，按照九宮飛泊的飛行軌跡，但數字要逆推，即2↓1↓9↓8↓7↓6↓5↓4↓3，如下圖所示：

丙↑

3 五	7 一	5 三
4 四	2 1 六	9 八
8 九	6 二	1 七

壬

接下來看向星的部分，中宮向星為1，1是奇數，奇數對應的排序是陽、陰、陰，而對應到向山宮位離宮的三山是丙、午、丁。因此，對應的結果如下：

陽－丙↓順飛

陰－午

陰－丁

該房宅是壬山丙向，所以丙山是對應到陽，陽代表要順飛。因此，從中宮開始，按照九宮飛泊的飛行軌跡，數字順推，即1↓2↓3↓4↓5↓6↓7↓8↓9，最後，得出完整的飛星盤如下圖：

丙↑

3 9 五	7 5 一	5 7 三
4 8 四	2 1 六	9 3 八
8 4 九	6 6 二	1 2 七

壬

因此，推算出山星逆飛和向星順飛的飛行軌跡，就能計算出該房宅的飛星盤。

另外要注意的是，如果山星或向星為5的話，則要依照四正位三山的排序是陽、陰、陰，四隅位三山的排序是陰、陽、陽來推算。

以八運艮山坤向的屋宅飛星盤為例，先將山星2，寫在中宮八的左上角，再將向星5寫在中宮八的右上角，如下圖所示：

坤↗

七	三	五
六	2 5 八	一
二	四	九

艮

按照之前所說的方法，先推算山星的飛星是順飛還是逆飛。因為中宮山星是2，2是偶數，偶數對應的排序是陰、陽、陽，而對應到坐山宮位艮宮的三山是丑、艮、寅。因此，對應的結果如下：

陰－丑

陽－艮→順飛

陽－寅

該房宅是艮山坤向，而艮山是對應到陽，陽代表要順飛，所以從中宮開始，按照九宮飛泊的飛行軌跡，數字順推，即2→3→4→5→6→7→8→9→1，如下圖所示：

坤↗

1 七	6 三	8 五
9 六	2 5 八	4 一
5 二	7 四	3 九

艮

接著我們來計算向星的飛法，因為中宮向星為5，所以計算方法要根據四正位三山的排序是陽、陰、陰，四隅位三山的排序是陰、陽、陽的方法來推算。向山為坤山，坤山是在坤宮，是屬於四隅位。四隅位的陰陽排序是陰、陽、陽，坤宮三山的排序是未、坤、申，坤山的對應為陽，所以要順飛。最後，得出以下完整的飛星盤。

陰－未
陽－坤→順飛
陽－申

排出宅飛星盤之後，就能得知每個宮位的山星和向星的飛星組合，也可以得知這些飛星組合是落在家中的哪些位置，藉以做為興旺吉星和化解凶星的依據。

坤↗

1 4 七	6 9 三	8 2 五
9 3 六	2 5 八	4 7 一
5 8 二	7 1 四	3 6 九

艮

伍

風水理氣病－由飛星組合判斷疾病

伍 風水理氣病—由飛星組合判斷疾病

在居家風水堪輿上，房宅內外環境的檢視，是屬於巒頭風水的部分，從這個部分的檢視，可以看出房宅基本的吉凶。但何時會應吉，或何時會發凶，就要搭配理氣的推算。這就是為何要學習排出宅飛星盤的原因，因為以玄空飛星風水而言，若無法排出宅飛星盤，就無法推算理氣吉凶。

原則上好的巒頭，遇到好的理氣格局，就會應吉；而好的巒頭，遇到不好的理氣格局，不會應吉也不會發凶；若是不好的巒頭，遇到好的理氣格局，則暫時不發凶，但也不會應吉；而不好的巒頭，遇到不好的理氣格局，則會發凶。

巒頭和理氣在實際的運用上，必須要整合性地使用，所謂「**巒頭無理氣不靈，理氣無巒頭不驗**」，「**體無用不靈，用無體不應**」。不好的巒頭，就是一種煞氣，會發散出傷害性的負面能量，但卻不一定會馬上發生凶應。如配合理氣的推算，就能預測何時會發凶，會有什麼影響，可以幫助委託人提早做好預防化解而「趨吉避凶」。在本篇中，筆者會針對與風水疾病相關的飛星組合，做簡單的介紹。

一、由宅飛星盤分析判斷疾病

前文已提及宅飛星盤是住宅的命盤，就如同人的八字一般，玄空飛星派的風水師可藉由此宅飛星盤，結合外巒頭的美惡，以判斷屋宅的吉凶禍福，稱為「憑星斷事」。

所有的分析判斷，都會與宅中之人的「丁、財、貴、壽」相關。本書著重探討內外巒頭和理氣格局，與健康或意外血光的關係，其他諸如人生運勢、事業前途、家庭人倫關係、桃花、財運……等，則不在本書的探討範圍內。

（一）門、主、灶與理氣疾病

宅飛星盤的分析重點，要放在山向星的組合，及流年飛星加臨時，對山向星所產生的交互影響。因為「**山管人丁，水管財**」的緣故，如果要看財運，要分析山星對向星的生剋關係；如果要看健康及家庭的人倫關係，則要分析向星對山星的生剋關係。

陽宅三要素：「門、主、灶」，即主要納氣口（大門口處或最大採光面落地窗拉門處）、主臥房、廚房（灶位），是居家風水中最重要的三個區域。主要納氣口和廚房的位置，是以分析向星為重點，因為主要納氣口和廚房的位置，是屬於動位；而臥房是以分析山星為重點，因為臥房是屬於靜位。

如果要瞭解全家人的健康狀況，或家庭成員之間的關係，可以分析主要納氣口的飛星組合中，向星對山星的生剋關係；如果要瞭解全家人的經濟財運狀況，可以分析主要納氣口的飛星組合中，山星對向星的生剋關係。主要納氣口的飛星組合，會影響家中的所有成員；而個人臥房門口的飛星組合，主要會影響住在該房的人員。

位於門、主、灶的飛星組合，與家中的吉凶禍福關係重大。在風水上，有「**一門吉，全家吉；一門凶，全家凶**」的說法，這個門指的是主要納氣口的位置。

因此，若是不佳的理氣組合，落在門、主、灶上，就會帶來不佳的運勢。如二黑病符星若是落在這些區域上，提示著家人會常生病。當搬入這種帶有疾病理氣的「生病屋」後，就容易受到壞理氣的影響，而產生相對的疾病問題。若五黃星落在這些重要的區域，則提示了家人會有發生意外血光之災的危機。

在本篇中，筆者整理出一些與疾病、意外血光相關的飛星組合，並引用重要的玄空飛星學的古文名篇中，與這些疾病、意外血光相關的飛星組合斷語，並分析其致病原因，做為讀者的參考。

如經過座向判斷後，確認該房宅是以人門為向的話，若是大門的山向星是2和5的退運飛星組合，風水名篇《紫白訣》提到：「**二五交加，罹死亡並生疾病**」、「**二主宅母多病，黑逢黃至出鰥夫**」，《祕本》也提到：「**二黑交加必損主**」，這三個斷語，都提示著住進這間房宅的女主人，會產生嚴重的健康問題，甚至有病故的可能。如果將整間房宅的飛星盤，套入主臥室來分析，在這間主臥室的小太極中，房間門、對外窗或床鋪位置的山星向星組合，又正好是2和5的話，那就會更加應驗。

以各個單獨的房間而言，若是房間門、對外窗或床鋪，位在有疾病寓意的退運飛星組合處，則提示著該房人員容易有健康方面的問題。但若是雖有此理氣格局，但房間對外窗並沒有見到任何沖射的煞氣，房間內也沒有床鋪壓樑、壁刀……等煞氣，環境也是窗明几淨，則無須擔心。

飛星組合對宮位的影響，不但會直接影響到住在該宮位的成員，也會影響到與該宮位相應的家中成員。譬如宅中西北方乾宮，出現了21的退運飛星組合，《玄空祕旨》提到：「**腹多水而膨脹**」，腹對應著坤卦，飛星數字為2；水對應著坎卦，飛星數字為1。提示著21的退運飛星組合，容易產生脾胃病。除了住在家中西北方乾宮的成員，容易出現脾胃病的情形外，由於乾宮對應到家中的父親，所以就算是父親不住在西北方乾宮的房間，也容易出現脾胃病的問題。

不好的退運飛星組合，即目前的退運星2、3、4、5、6、7的飛星組合，較容易產生凶應。其中以二黑星和五黃星的組合最為凶險，對健康極為不利；3為三碧木星，退運時為「是非星」，會引發口舌是非；4為四綠星，退運時有貪戀酒色的爛桃花問題；6為六白星，退運時為失財星，有可能會傾家蕩產；7為七赤星，退運時就是「賊星」，容易有遭偷竊、需要動手術等情事。

但需要注意的是，不好的理氣有其發凶的條件，若不符合發凶的條件，則不會發凶。

1. 不好的理氣，是指退運的飛星組合，才較有可能發凶。在目前2004年－2023年的八運中，飛星8、9、1是屬於吉星，也就是八白土星、九紫火星和一白水星是屬於吉星。飛星8是當運旺星，目前不發凶；而除非是外巒頭十分醜惡，飛星9、1發凶的可能性也相對較低。

2. 如果外巒頭秀美，沒有煞氣沖射等狀況，則不會發凶。

3. 不好的理氣組合，若是落在家中比較不重要的地方，如娛樂室、客房、廁所、走道、車庫，也不會發凶。

4. 若房子在理氣上是旺山旺向的旺宅，又與外巒頭砂水搭配得宜，有著超強旺氣，風水上認為「**一貴當權，諸凶懾服**」，當旺之時也不會發凶。

但不好的理氣，若是結合以下狀況就會發凶：

1. 如果外巒頭醜惡，如山頭被挖削、宅前水塘汙濁不通，或屋外有屋脊煞、巷沖、壁刀……等沖射煞氣。在壞巒頭與壞理氣的結合下，就肯定會發凶。

2. 不好的飛星組合，如位在家中的主要納氣口、主臥室、廚房，加上外巒頭醜惡，則會發凶。

3. 原本在八運時外巒頭美善且旺山旺向的旺宅，到了九運就退運了，無法再「**一貴當**

權，諸凶懾服」，旺氣消失，已經無法壓制其他宮位不良的理氣，旺氣一過，凶象可能就會畢露，而導致「**眾凶剋主，獨力難支**」。

（二）與風水病相關的飛星組合

在玄空飛星學上，有些歌賦或口訣廣為流傳，除了有助於闡釋和理解玄空飛星學的理論外，其中的飛星組合所代表的吉凶斷語，也可以做為「憑星斷事」的根據。這些斷語，也就是對飛星組合所下的判斷，是過往風水前輩，根據易理、卦象及在實際的風水堪輿過程時，所歸納總結出來的寶貴經驗及心血結晶，為我們節省許多自行摸索的時間，我們應頂禮感恩風水前輩大師們所付出的心血與教導。

但讀者在解讀這些斷語時，要先有個基本的常識，即玄空飛星風水的理氣，極為重視飛星的當令或不當令。現今和我們最相關的風水古籍中的應吉斷語，是八運和九運的斷語資料。而二運到七運關於人丁與旺或財運亨通的斷語，與現在的八、九運都不相關，它的飛星組合斷語再怎麼吉，目前也不會應吉，這是因為這些星曜在目前已經退運失令的緣故。

但若是提到數字二到數字七，會產生疾病或發凶的退運飛星組合斷語，就和目前有關，我們就必須要注意這些斷語的內容。而有些與飛星八相關，會產生疾病或發凶的飛星組合斷語，現在也無妨，這是由於飛星八目前當令的緣故，只要形巒相應則不會發凶。

以下筆者列舉一些重要的玄空飛星古籍中，提到與疾病或意外血光相關的飛星組合斷語，供讀者參考。這些飛星組合，通常更應驗於主要納氣口及臥室門口。但是在同一組的飛星組合下，也是有可能還有其他的斷語，所以要根據不同的居住對象，採用不同的斷語，風水上強調「以人為本」的重要性。因此，這些斷語僅供參考，讀者需要自行斟酌。

同時，理氣也要搭配外巒頭來綜合判斷，有好的外巒頭為體，理氣的吉才會應吉；而有壞的外巒頭對應，理氣的凶才會發凶。為了避免複雜混淆，我們先專注在理氣的飛星組合，暫時不把巒頭的考量因素加進來，等讀者對這些理氣的飛星組合都熟悉了，再加入巒頭的考量，自然就能融會貫通了。

不同的飛星組合，有不同的意義與斷語。而因為「**山管人丁，水管財**」的緣故，與身體健康相關的部分，以分析山星為重點。首先是看山星是否當令，再分析向星對山星的五行生剋關係。

在現在八運即將進入九運時，與二黑星到七赤星的退運山星相關且會發凶的斷語，就容易應驗。但具體的情況，要結合外巒頭的美惡來分析。如果外巒頭秀美，則暫時不會發凶或發凶程度較低；但若外巒頭醜惡或有尖角沖射，就會有凶應的產生。

除了要分析向星對山星的五行生剋關係外，每年的流年飛星加臨時，也要分析流年飛星對山星的五行生剋關係。

由於風水古文在提到飛星數字時，通常會採用一些如密碼般的借代詞，以較隱晦的方式呈現。因此，為了方便讀者理解，筆者整理出以下的飛星密碼檢索表，供讀者參考。

飛星密碼檢索表

	一白	二黑	三碧	四綠	五黃	六白	七赤	八白	九紫
數字	一	二	三	四	五	六	七	八	九
五行	水	土	木	木	土	金	金	土	火
卦名	坎	坤	震	巽		乾	兌	艮	離
卦象	水	地	雷	風		天	澤	山	火
天干	壬癸		甲乙		戊己		庚辛		丙丁
地支	子	未申	卯	辰巳		戌亥	酉	丑寅	午
生肖	鼠	羊猴	兔	龍蛇		狗豬	雞	牛虎	馬
星名	貪狼	巨門	祿存	文曲	廉貞	武曲	破軍	左輔	右弼
顏色	白	黑	碧	綠	黃	白	赤	白	紫
人體	耳	腹	足	股		首	口	手	目

以下筆者列舉一些容易引發疾病或意外血光的退運飛星組合，這些組合雖無法涵蓋所有與疾病或意外血光相關的飛星組合，但讀者可根據內容舉一反三。

容易引發疾病或意外血光的退運飛星組合

◎15的組合：

《飛星賦》提到：「**子癸歲，廉貞飛到，陰處生瘍**」，「子癸」是指坎卦，即數字1；「廉貞」是指五黃星，即數字5。坎水為腎臟及生殖泌尿系統，五黃為病毒，如果15同宮且退運時，如山星為1，向星為5或遇到流年飛星5加臨時，會產生腎臟、生殖系統的問題，也可能會有腸病、性病之類的疾病。有關流年飛星的問題，在下一節中會有所說明。

◎21的組合：

《玄空祕旨》云：「**腹多水而膨脹**」，在八卦與人體的部位對應上，腹為坤卦，數字為2；水對應著坎卦，數字為1。提示著21的退運飛星組合，容易有消化不良、胃脹、積水等脾胃病症狀。

◎24的組合：

《玄機賦》提到：「**風行地上，決定傷脾**」，地是指坤卦，數字為2，屬土，指脾胃；風是指巽卦，數字為4，屬木，指肝膽。風行地上，即木來剋土，會產生脾胃問題，這是24的退運飛星組合。中醫經典名著《金匱要略》提到：「**見肝之病，知肝傳脾，當先實脾**」。中醫理論認為肝主疏泄，可以調暢脾胃的氣機，並將膽汁輸於腸道，以促進脾胃對食物的消化，及對精微營養物質的吸收和轉輸功能。

但當肝氣鬱滯，疏泄功能失調時，就會影響脾臟的運化功能，而出現了「肝脾不和」的病理表現，產生精神躁鬱、胸脅脹滿、腹瀉、腹痛及大便不成形等脾虛症狀。這就是肝木太過而剋脾土的病理表現，以五行而言，稱為「木乘土」。

◎25的組合：

《紫白訣》云：「**二五交加，罹死亡並生疾病**」、「**二主宅母多病，黑逢黃至出鰥夫**」，

《祕本》也提到：「**二五交加必損主**」，即在宮位中出現2和5的組合。當二黑星和五黃星退運失令時，會成為兩大一級凶煞之星的組合，導致家人的疾病或死亡，尤其對女主人的健康危害甚大。

◎27的組合：

《飛星賦》提到：「**臨云泄痢**」，「臨」卦為「地澤臨」卦。上卦為坤卦，數字為2，坤為地，坤也為腹，即指脾胃；下卦為兌卦，數字為7，兌為澤，澤為水澤，水澤的特性是往下。坤為土、兌為金，金會洩土氣，所以27的退運飛星組合，主泄痢，即腹瀉拉肚子。此外，兌也為口，代表病由口入所造成的腹瀉。

綜合以上所述，27的退運飛星組合，指泄痢拉肚子的症狀；21的退運飛星組合，指因水液代謝不良而產生的腹脹症狀；而24的退運飛星組合，則是肝鬱剋脾的症狀，這些症狀都和消化系統相關。

◎32的組合：

《飛星賦》提到：「**豫擬食停**」，豫卦為雷地豫卦，是32的退運飛星組合。上卦為震卦，數字為3，震木為雷，也代表肝的疏泄功能；下卦為坤卦，數字為2，2為二黑星，退運的二黑星為「病符星」，「病符星」與山星3的組合，提示著肝功能出問題，導致疏泄功能低弱，因而造成食積的症狀。

◎36和37的組合：

《玄空祕旨》云：「**足以金而蹣跚**」，在八卦與人體的部位對應上，震卦為足，數字為3。金為六白金和七赤金，提示著36及37的退運飛星組合，會產生腳部問題。有可能是遭遇外傷，如發生車禍傷到腳；或因氣血不暢而導致的腳疾。

《飛星賦》提到：「**壯途躓足**」，這是六十四卦中的雷天大壯卦。上卦為震卦，震為雷，數字為3，五行為木，震也代表人的腳；下卦為乾卦，乾為天，數字為6，五行為金。乾金剋震木，提示著腳易受傷，所以36的退運飛星組合，容易導致腳受外傷或是腳疾問題。此外，3代表長男，所以長男會較有此凶應。

這段話正好和《玄空祕旨》：「**足以金而蹣跚**」互相呼應。此外，37的退運飛星組合，也是一個會產生疾病的組合。《紫白訣》云：「**三遇七臨生病，那知病癒遭官**」，不但會生病，病癒之後還要面臨官司纏身的問題。可以解讀為退運山星3遇到流年飛星7加臨時，流年七赤金星剋三碧木星的山星，由於「**山管人丁，水管財**」的緣故，退運山星受剋，就容易會罹患疾病，或有意外、官非等情事發生。而且三碧木星為「祿存星」，又稱為「蚩尤星」，是一顆「是非星」，不喜受剋，剋則生出災殃，所以會發生「**病癒遭官**」的官非訴訟。

◎45的組合：

《飛星賦》提到：「**乳癰兮四五**」，此為45的退運飛星組合，4為巽卦，為長女，亦代表乳房；5為五黃，也代表膿血、癰毒。當45同宮且退運時，有罹患乳癌的可能。

◎63的組合：

《飛星賦》提到：「**頭響兮六三**」，此為63的退運飛星組合，6為乾卦，為頭；3為震卦，為動也為聲響，其性為上騰，在臟腑中為肝。63的退運飛星組合，可以解讀為由於肝陽上亢（肝為震卦，數字為3）而造成頭部出現轟鳴響動，產生頭痛耳鳴。

◎69的組合：

《玄機賦》云：「**火照天門，必當吐血**」，《搖鞭賦》也提及：「**天門見火翁嗽死**」，二者說的都是69的退運飛星組合。天是乾卦，數字為6，五行為金；火是離卦，數字為9，火會剋金。乾金代表父親，也屬肺，代表父親怒火中燒，或肺部發炎而導致咳血。

◎75的組合：

《飛星賦》提到：「**酉辛年，戊己弔來，喉間有疾**」，「酉辛」是指兌卦，即數字7；「戊己」是指中宮五黃，即數字5。兌為口及咽喉，五黃為病毒，當75同宮且退運時，會產生鼻咽喉之類的疾病。可以解讀為退運山星為7，與流年飛星5加臨時的組合。

◎84和24的組合：

《玄空祕旨》云：「**山地被風，還生瘋疾**」，山是指艮卦，數字為8；地是指坤卦，數字為2，艮坤的五行都屬土。「被」的字義為「披」，即覆蓋之意。風為巽卦，數字為4，五行屬木，木會剋土，以上是指84或24的退運飛星組合。

「還生瘋疾」，有的版本為「還生風疾」，有的風水老師將「風疾」解釋為中風或皮膚病。筆者對「瘋疾」的解釋是「躁鬱症」，嚴重者有「歇斯底里」的狂躁狀況。「躁鬱症」是很常見的心理問題，屬於情志病的範疇。以中醫而言，病因若是肝氣鬱滯而傷脾土，即木鬱剋土，中醫的中藥治法，會使用婦科聖藥「加味逍遙散」，用來疏肝健脾，肝氣舒暢後，人就逍遙了。

《玄空祕旨》云：「**風行地而硬直難當，室有欺姑之婦**」，《玄機賦》提到：「**風行地上，決定傷脾**」，這兩段話可與上述的斷語互相參照。這三段話參照的結果，即解釋24的退運飛星組合，會產生嚴重的婆媳問題。婆媳爭執，在家心情抑鬱，會產生「躁鬱症」，且可能會因為肝氣鬱結而傷到脾胃功能。因此，24的退運飛星組合，會產生三種影響，即婆媳不和、躁鬱症和肝脾不和。

《紫白訣》云：「**四綠固號文昌，然八會四，而小口殞生；三八之逢更惡**」，84的退運飛星組合，對嬰幼兒的健康會有所損傷，可能會產生疾病或意外的發生。而83的退運飛星組合更是不利，因為3代表三碧祿存星，是一顆凶煞之星。

此外，《飛星賦》提到：「**風鬱而氣機不利**」，這也是84的退運飛星組合。8為艮，艮為山；4為巽，巽為風。風遇山則止，所以稱為「**風鬱**」。風遇到高大的山脈阻擋而無法流通，就會造成「**氣機不利**」，容易有呼吸系統疾病、或氣血循環不良等症狀。中醫學提到：「**氣為血之帥**」、「**氣行則血行**」，氣推動血液的流動，若是氣滯則會造成血瘀，不利於氣機流暢與血液循環。

◎92的組合：

《飛星賦》提到：「**火暗而神志難清**」，此為92的退運飛星組合。火為離火，為九紫火星，數字為9，而坤土數字為2。當離火遇到陰濕之坤土則晦暗，火會生土，土會讓火變弱。火為目，也為心，為神志，火變弱會導致精神耗弱，疲勞嗜睡，精神難以集中。

此外，《飛星賦》也提到：「**切莫傷夫坤肉震筋，豈堪損乎離心艮鼻**」，這一段話中，提及多個身體部位，需做綜合解說。坤為脾，脾主肉；震為肝，肝主筋；離為心，艮為手也為鼻。其飛星組合所處的宮位，如果為退運山星，再加上外巒頭醜惡破碎巉巖，或有尖角沖射、反弓煞、剪刀煞……等，就容易產生與該身體部位相應的疾病。

在相剋的退運飛星組合中，如23、24的退運飛星組合，土被木所剋，《玄機賦》提到：「**風行地上，決定傷脾**」，除了脾胃消化功能會受到影響，因為脾主肉的緣故，也主肌肉受傷。

前文已提及36、37的退運飛星組合，木被金所剋，主腳傷、筋傷或神經系統損傷的問題。

91的退運飛星組合，9為離卦，為火；1為坎卦，為水。火被水所剋，主心臟、眼睛的疾病。而83、84的退運飛星組合，8為艮卦，為山，也代表鼻子，五行屬土；3為震卦，4為巽卦，兩者的五行皆屬木。土被木所剋，主鼻病。中醫理論提到「**肺開竅於鼻**」，若有過敏、花粉症、鼻竇炎等鼻病需要治肺。但如果是肺虛所引起的鼻病，也要補脾健脾，這是「培土生金法」的運用。但在此例中，由於木剋土的緣故，除了要補脾健脾之外，也要疏肝。

因此，「**切莫傷夫坤肉震筋，豈堪損乎離心艮鼻**」這一段話，可以理解為「傷夫坤肉」是指23、24的退運飛星組合；「傷夫震筋」是指36、37的退運飛星組合；「損乎離心」是指91的退運飛星組合；「損乎艮鼻」是指83、84的退運飛星組合。

針對以上所論述的退運飛星組合與疾病、意外血光的關係，筆者整理了以下的檢索表，供讀者快速檢索。

退運飛星組合與疾病、意外血光關係檢索表

退運飛星組合	可能產生的疾病或意外血光之災
15	腎臟、生殖系統的疾病，也可能會產生腸病、性病
21	腸胃水液代謝功能失調，導致腹脹積水
24	肝鬱剋脾，產生精神躁鬱、胸脅脹滿、腹瀉、腹痛及大便不成形等脾虛症狀。也主肌肉受傷
25	重病或死亡，尤其對女主人的健康危害甚大
27	腹瀉
32	食積及腹脹
36、37	主筋傷或神經系統損傷。遭遇外傷，如發生車禍而傷到腳，或因氣血不暢所導致的腳疾
45	有罹患乳癌的可能
63	肝陽上亢的頭痛
69	肺部發炎而導致咳血
75	鼻咽喉之類的疾病
83、84	呼吸系統疾病、氣血循環不良、鼻病。小兒易患重病或意外
91	心臟疾病、眼疾
92	精神耗弱

二、流年飛星與山星向星的組合，對身心健康的影響

每間房宅有其固定不變的「宅飛星盤」，飛星盤中的山星和向星是不會變的，就如同人的八字是不變的。但除了有不變的部分，當然也有會變動的部分，就如同人的八字不變，但是大運會變，流年會變。而與「宅飛星盤」相關，每年都會變動的飛星，稱為「流年飛星」。

本節會探討每年的流年飛星加臨時，對原飛星盤山星和向星組合的影響。流年飛星每年都會變，即房宅在每個方位的流年運勢，都絕對會與去年不同。只要確定了在該年是由哪顆飛星飛入中宮，我們就可以透過九星飛泊順飛的軌跡，得出該年九宮流年飛星的方位。知道了哪顆飛星在該年落於哪個宮位，就能分析該流年飛星，與該宮位山星和向星的整體及交互影響，即可安排催吉或化煞的佈局。

每年是由哪顆飛星飛入中宮，有不同的推算法，本書僅用最簡單的方式說明。以11減掉西元年份相加數，所得之餘數，為該年入中宮的飛星數字。如果年份相加大於11，則將所得之和的十位數字和個位數字相加，再用11去減，所得之餘數，為入中宮的飛星數字。若餘數為0，則以流年九紫星入中宮。

以2017年為例，2+0+1+7=10，11-10=1。因此，在2017年時，由流年一白水星入中宮後，接著按照洛書元旦盤飛星飛泊的軌跡順飛即可。如下圖所示：

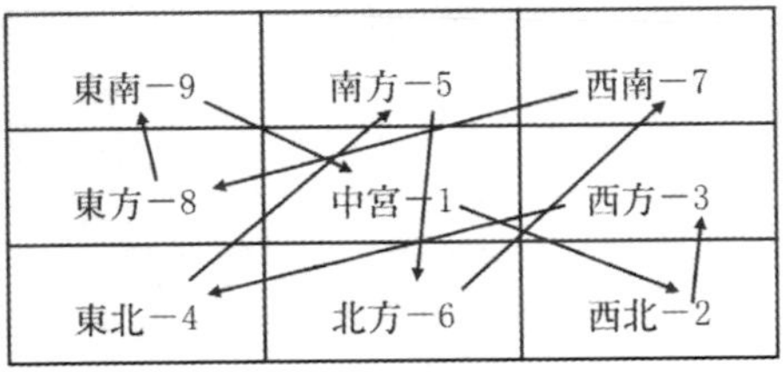

以七運壬山丙向的房宅為例，在2017年時流年一白水星入中宮，宅飛星盤及流年飛星在各宮的分布如下，向星旁有圓圈的數字為流年飛星，在本書中的格式都是如此，之後不再贅述。

丙↑

2 3 ⑨ 六	7 7 ⑤ 二	9 5 ⑦ 四－坤宮
1 4 ⑧ 五	3 2 ① 七	5 9 ③ 九
6 8 ④ 一	8 6 ⑥ 三	4 1 ② 八

壬

我們特別來看坤宮這一區，在2017年時，正好是流年七赤星飛入坤宮。《飛星賦》提到：「**紫黃毒藥，鄰宮兌口休嘗**」，是指九紫星和五黃星同宮，九紫為火，五黃為毒，不能再遇到流年七赤星。因為七赤星在八卦中屬兌宮，也代表口。如果九紫星和五黃星的組合，再遇到七赤星的話，就會成為957的組合，即把毒藥放到口中的意思，容易發生食物中毒現象。如果該宮的區域是家中廚房，那就更容易應驗了。

有些宮位原本的山星和向星組合，不至於構成凶險，或影響身體健康。但一旦加入流年飛星這個變數後，就會產生影響，正如《飛星賦》：「**紫黃毒藥，鄰宮兌口休嘗**」，紫黃毒藥再怎麼毒，只要不吃就沒事，但遇到流年七赤星的加入，就變成將毒藥放入口中，提示著可能會有食物中毒、腸胃消化道疾病等健康問題。這種風險每九年就會遇到一次，因為流年飛星的宮位，是以九年為一個循環。

再舉一個例子，《飛星賦》提到：「**碧綠風魔，他處廉貞莫見**」，這是飛星345的組合。碧為三碧木，綠為四綠木，即34同宮容易有精神不穩定的問題，如狂躁症等，萬一再遇上廉貞星五黃星加臨時，狂躁的狀況就會人爆發。

又如飛星795的組合，《飛星賦》提到：「**青樓染疾，只因七弼同黃**」，七為七赤星，弼為九紫右弼星，黃為五黃星。這一段話說的是，79同宮再遇到五黃星加臨時，就會染上性病。七為兌卦，為少女，為賊妾；九紫右弼星為離卦，離又為目，代表眼睛看到風月女子，春心蕩漾；五黃星為毒。此飛星組合，提示著在不正當的性行為後染上性病。

此外，值得注意的是，因為「**山管人丁，水管財**」的緣故，判斷人丁興旺與健康要分析山星的部分；而判斷財運旺衰，則要分析水星，即向星的部分。即使宮位中山星和向星的組合，不會對健康造成影響，但山星與流年飛星的組合，在該年就可能會產生健康問題。不但對住在該宮位的成員會有影響，與該宮位相對應的家中成員也會受到影響。

如家中西南方坤宮山星與流年飛星的組合，出現了不利健康的組合，不只是對住在西南方坤宮的成員會有影響，家中母親的健康也會受影響，因為西南方坤宮，對應的家中成員是母親的緣故。

以六運壬山丙向的房子為例，在2022年時，流年五黃星入中宮，飛星盤如下圖：

丙↑

3 9 ④ 五	7 5 ⑨ 一	5 7 ② 三
4 8 ③ 四	2 1 ⑤ 六	9 3 ⑦ 八
8 4 ⑧ 九	6 6 ① 二	1 2 ⑥ 七

壬

《紫白訣》提到：「**二五交加，罹死亡並生疾病**」、「**二主宅母多病，黑逢黃至出鰥夫**」，《祕本》也提到：「**二五交加必損主**」。

因此，在2022年這一年，該房宅中宮及西南方坤宮的山星及流年飛星，都出現了2和5的組合，也就是「二五交加」。住在中宮及西南方坤宮的成員，身體健康都會受到影響，而且由於西南方坤宮對應的家中成員是母親，家中母親的健康也會受影響。

三、流年二黑五黃星的流年病位

將家中平均分為九個宮位，每年由不同的流年飛星入中宮，九年為一個循環，九星分別為一白水星、二黑土星、三碧木星、四綠木星、五黃土星、六白金星、七赤金星、八白土星、九紫火星。

九星之中，退運的二黑星又稱為「病符星」。流年二黑病符星飛到哪個宮位，該宮位在該年便犯了病符星，主疾病。而五黃星又稱為「關煞星」，退運時主意外血光，和二黑星同屬一級凶煞星。流年五黃星飛到哪個宮位，該宮位在該年就容易發生意外血光之情事。

現在是八運期間，也就是 2004-2023 年之間都屬於八運，除了屬於九運時當令的九紫火星，和一運時當令的一白水星這兩顆未來的吉星外，其他都是屬於退運星。星曜一旦退運失令，凶性就會顯現，尤其以二黑五黃星為最凶險，並稱一級凶煞之星。

二黑星主要與疾病相關，五黃星則和意外血光之災相關，但也會引發重病絕症。因此，這兩顆不利健康的凶星，要特別加以注意與重點化解。

二黑星飛到的宮位為「病符位」，如果居家大門位於該年的病符位，則家人多病。如果公司辦公室的大門，位於該年的病符位，則老闆及員工多病。

以 2022 年為例，流年的二黑病符星飛到西南方坤宮，所以 2022 年的病符位就在西南方坤宮。如果大門是家中的主要納氣口，且位於西南方坤宮的位置，家人在 2022 年便會多病，這個大門在該年就是「病符門」。

2022 年流年五黃土星入中宮

東南巽宮－四綠木	南方離宮－九紫火	西南坤宮－二黑土
東方震宮－三碧木	中　　宮－五黃土	西方兌宮－七赤金
東北艮宮－八白土	北方坎宮－一白水	西北乾宮－六白金

但有些住宅大門和宅向的方向不同，就不能完全依此判斷。有可能是要以接近主要道路那一側，最大落地窗拉門處為宅向。如果二黑星落在該宮位，則該落地窗拉門在該年也會成為「病符門」，因其為家中的主要納氣口，所以對全家的影響就很大。

原則上只要是經常出入的門或落地窗拉門，在流年二黑病符星飛到時，都要進行化解。此外，五黃星在 2022 年飛到中宮，中宮要保持安靜，因為煞方宜靜不宜動，不要放置會發出聲響震動之物品。

再以 2023 年為例，流年的二黑病符星飛到東方震宮，如果居家大門開在東方震宮，全家人在該年則多病，而且一旦生病則病程長或病情嚴重。五黃星在 2023 年時，飛到西北方乾宮，也同樣要進行化解，不然容易有意外血光及健康的問題。

筆者整理出以下「九宮飛星流年方位圖表」，方便讀者查找。讀者可以按照西元年份，找出流年二黑星和五黃星的所在宮位。此圖表是按照洛書九宮方位，上南下北，左東右西。

2023 年流年四綠木星入中宮

東南巽宮－三碧木	南方離宮－八白土	西南坤宮－一白水
東方震宮－二黑土	中　　宮－四綠木	西方兌宮－六白金
東北艮宮－七赤金	北方坎宮－九紫火	西北乾宮－五黃土

九宮飛星流年方位圖表

2020、2029、2038		
六白金	二黑土	四綠木
五黃土	七赤金	九紫火
一白水	三碧木	八白土

2021、2030、2039		
五黃土	一白水	三碧木
四綠木	六白金	八白土
九紫火	二黑土	七赤金

2022、2031、2040		
四綠木	九紫火	二黑土
三碧木	五黃土	七赤金
八白土	一白水	六白金

2023、2032、2041		
三碧木	八白土	一白水
二黑土	四綠木	六白金
七赤金	九紫火	五黃土

2024、2033、2042		
二黑土	七赤金	九紫火
一白水	三碧木	五黃土
六白金	八白土	四綠木

2025、2034、2043		
一白水	六白金	八白土
九紫火	二黑土	四綠木
五黃土	七赤金	三碧木

2026、2035、2044		
九紫火	五黃土	七赤金
八白土	一白水	三碧木
四綠木	六白金	二黑土

2027、2036、2045		
八白土	四綠木	六白金
七赤金	九紫火	二黑土
三碧木	五黃土	一白水

2028、2037、2046		
七赤金	三碧木	五黃土
六白金	八白土	一白水
二黑土	四綠木	九紫火

2022年時，如果大門正好位在西南方病符位，有風水師會建議以「六帝錢」來化解，或者是在大門口玄關處，可以擺放六個現代通用的銅幣，或銅鈴等金屬用品做化解。由於二黑星和五黃星的五行屬土，所以可用金屬物品化洩，因為土生金，金會洩土氣的緣故。

假如房間位在病符位，住在該房間的人便會多病，也可以按照上述之法進行化解。以房間小太極而言，如果床鋪位在病符位的話，在不移動床鋪的情況下，可在床頭上方按照上述之法進行化解。假如書桌或辦公桌擺放在病符位，可將其移到其他方位，或按照上述之法進行化解。

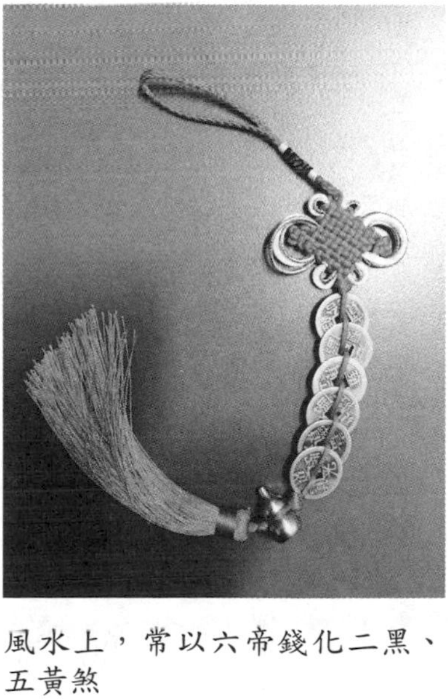

風水上，常以六帝錢化二黑、五黃煞

總之，在流年二黑五黃星飛到的宮位，不宜在主要納氣口、廚房及臥房。以房間小太極而言，這些凶煞之星不宜在房門口、對外窗、床鋪、書桌及辦公桌的位置。如果這些重要的位置，剛好有流年二黑五黃星飛到，就要進行化解。小太極即是將房間劃分成九宮格，並套入宅飛星盤，可用來檢視房門口、對外窗、床鋪、書桌及辦公桌宮位的飛星組合。

流年飛星以九年為一個循環，總是會飛到這些位置，所以就會產生年運的高低與吉凶禍福等狀況。其實也不用太擔心，當這些凶星飛到該宮位時，進行化解即可。

如果這些位置是家中不重要的區域，如娛樂室、客房、廁所、車庫，並不一定要化解。此外，雖然有凶星飛臨，如果室外的外巒頭秀美，山明水秀且無外煞，外面大樓富麗堂皇，且與自宅有適當的距離，則不會發凶。

只有外巒頭不佳，再加上凶星加臨時才會發凶。譬如大門外原本就面對剪刀煞、天斬煞、壁刀等煞氣，平時也許問題還不大，但一旦遇到流年二黑五黃星飛臨到大門的宮位時，就會有疾病或意外血光之災發生，必須要事先做好化解預防。

許多風水師都會強調，進門四十五度角的兩面實牆的夾角處，是「象徵性明財位」的位置。在這個「象徵性明財位」的位置，可以做一些招財的擺設。但筆者要提醒讀者的是，不是什麼招財物，都可以任意擺放在該「象徵性明財位」的位置，必須要考慮擺設物品的五行屬性、該宮位山向星的五行生剋，及流年飛星的方位。

流年飛星以九年為一個循環，若是流年二黑、五黃星，剛好飛到「象徵性明財位」的位置，而在這個位置上，又擺放了鹽燈、紫水晶洞或會產生動能及熱能的物品，這類的土象或火象物品，會對二黑、五黃星的土煞，產生增旺激化的作用，而影響家人的健康，及增加發生意外血光之災的風險。因此，招財化煞物的擺放，必須要考慮擺設物品的五行屬性、該宮位山向星的五行生剋，及流年飛星的影響，以免招財不成，反而導致疾病災禍的發生。

四、方位的巒頭外象與疾病

屋宅外所見到的景象，會影響到屋宅的磁場，及宅中之人的運勢及健康……等等。這個部分在第參篇〈認識風水病與化解之法〉中，已經有所論述。

在本節中，筆者會引用風水古文名篇中的斷語，分析住宅外所延伸的八卦方位，若出現不佳的壞巒頭景象時，會與疾病或意外血光產生何種關聯及凶應。

不同的方位和壞巒頭的排列組合，會對人體不同的部位產生相應的影響。這些煞氣若緊鄰自宅，會產生相當大的影響；但若是距離自宅很遠，則影響不大。因此，解讀風水古文的斷語時，必須要靈活看待，不能一概而論。

此外，風水古文中所提及的疾病或意外凶應，必須要靈活看待，不能將這些風水斷語生搬硬套。譬如《玄空祕旨》提到：「**離位摧殘而目瞎**」，若在宅外離宮的延伸方位，見到殘破不堪的「摧殘」景象，不能妄下斷語說宅中之人的眼睛會瞎掉。只能認為可能會影響視力，或造成視力的損傷，如罹患近視、眼角膜受損、視網膜剝離、白內障、青光眼、暈眩……等。如在住宅的離位出現「反光煞」，離位主火，反光煞也主火，對眼睛損傷的凶應則更大。而且這種「摧殘」的景象，肯定是無法令人賞心悅目，尖角沖射也會令人產生壓迫感與不舒適感。

讀者有了這些認知後，再來分析這些古文斷語時，頭腦就不會僵化。可將這些斷語，配合現代人的狀況，做出與時俱進的解讀分析。筆者只是將這些風水古文斷語略舉一二，有興趣的讀者可再深入研究，並自行舉一反三。

《玄空祕旨》提到：「**坎宮高塞而耳聾，離位摧殘而目瞎。兌缺陷而唇亡齒寒，艮傷殘而筋枯臂折**」、「**漏道在坎宮，遺精泄血；破軍居巽位，顛疾瘋狂**」，《玄機賦》也提到：「**艮非宜也，筋傷股折；兌不利歟，唇亡齒寒。坎宮缺陷而墮胎，離位巉巖而損目**」，《飛星賦》則提到：「**切莫傷夫坤肉震筋，豈堪損乎離心艮鼻**」。

這些風水歌賦口訣，是根據八卦方位配合卦理而論斷吉凶。筆者先對這些斷語做個綜合解釋，再來說明這其中所提到的八卦方位，指的是什麼位置。

讀者要知道的是，這些方位是否會發凶，以玄空飛星風水的理論而言，是該宮位所見到的外巒頭巉巖破碎，且在該宮位的山星為退運山星，或遇到流年凶煞飛星加臨，壞巒頭再加上壞理氣的組合下，才會發生凶應。以健康方面而言，因為「**山管人丁，水管財**」的緣故，若要分析有關健康方面的凶應，則要著重分析飛星盤上的山星。

《玄空祕旨》云：「**坎宮高塞而耳聾，離位摧殘而目瞎。兌缺陷而唇亡齒寒，艮傷殘而筋枯臂折**」，說的是當宅外坎宮的延伸方位，如果有山丘或高樓緊鄰自宅，宅中之人可能會有耳疾；而宅外離宮的延伸方位，如果見到殘破的景象，如地面被挖掘，或是緊鄰破碎的山壁，則宅中之人可能會有眼疾。

如果宅外兌宮的延伸方位出現缺陷的景象，如見到房屋缺角、地層下陷、被水流沖蝕……等，宅中之人可能會出現嘴唇缺陷，或聲啞、喉疾、口腔炎症……等呼吸道問題；如果宅外艮宮的延伸方位出現殘破的景象，如見到爛尾樓、廢墟等破落屋，宅中之人易有外傷性的筋傷骨折。

若宅外離宮方位景象殘破，宅中之人易出現眼疾

若宅外兌宮方位地勢陷落，宅中之人易出現口、唇、喉疾

若宅外艮宮方位景象殘破，宅中之人易有外傷性筋傷骨折

《玄空祕旨》提到：「**漏道在坎宮，遺精泄血；破軍居巽位，顛疾瘋狂**」，說的是宅外坎宮的延伸方位，若有陷落的景象，宅中的男性易有腎虛遺精等症狀，而女性易有婦科疾病，如血崩、經血淋瀝不止等。家中若有孕婦，則發生流產的機率就很大；如果宅外巽宮的延伸方位出現了破軍山，即該方位正對著破碎歪斜不正的山形，或破落歪斜不正的危樓，宅中之人可能會產生癲狂的情志病，情緒較容易歇斯底里。

風水常言及「有形則有靈」、「有形則有煞」，宅中之人見到這些外在破落的景象，心理會產生負面的自我暗示，長期下來，身心失調而累積成疾，或造成意外血光之災。

此外，《飛星賦》提到：「**切莫傷夫坤肉震筋，豈堪損乎離心艮鼻**」，西南方坤宮為脾，脾主肉；東方震宮為肝，肝主筋；南方離宮為心，心主血液；東北方艮宮為鼻。其退運山星所處的宮位，如果所見的外巒頭醜惡破碎巉巖，或有尖角沖射、反弓煞、剪刀煞……等，就容易產生與該方位相應的身體部位問題或臟器疾病。

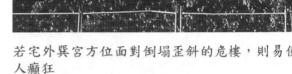

若宅外巽宮方位面對倒塌歪斜的危樓，則易使人癲狂

如果將《飛星賦》提到的：「**豈堪損乎離心艮鼻**」與前文《玄空祕旨》所提到的：「**離位摧殘而目瞎**」、「**艮傷殘而筋枯臂折**」，做個綜合解讀，可知如果在宅外離宮的延伸

破亂煞

殘破的房宅破亂煞，即為巉巖的外巒頭

方位，見到殘破的景象，不但有眼疾的風險，也可能會產生心臟方面的問題；而如果在宅外艮宮的延伸方位，見到殘破的景象，不但會有筋傷骨折的風險，也可能會產生鼻病。

若再結合本篇第一節中所提到的退運飛星組合，「損乎離心」是指91的退運飛星組合；「損乎艮鼻」是指83、84的退運飛星組合。若在該宮位出現此類與該方位巒頭相應的退運飛星組合，就會使該方位壞巒頭所產生的凶應更為應驗。即如果見到殘破的外巒頭，位於宅外的某個八卦方位中，再加上在該宮位中，有與該疾病相應的退運飛星組合，即可推論住在該宮位的成員，會產生對應的疾病或意外血光之災。若是該宮位是主要納氣口的位置，則會影響到全家人。

煞氣的距離越近與形體越大，所造成的影響就越大。若煞氣很遠，或位置遠低於我們所處的樓層，影響則可以不計。

對於以上所提到各個宮位的實際方位，風水界有四種不同的見解。第一種見解，是指八卦所對應的地理方位，坎是北方、坤是西南方、震是東方、巽是東南方、乾是西北方、兌是西方、艮是東北方、離是南方。筆者整理以下圖表，供讀者快速檢索對照其對應關係。

東南巽宮	南方離宮	西南坤宮
東方震宮	中宮	西方兌宮
東北艮宮	北方坎宮	西北乾宮

飛星數字與卦名、方位、人體部位對照表

飛星數字	1	2	3	4	5	6	7	8	9
八卦	坎	坤	震	巽		乾	兌	艮	離
方位	北方	西南	東方	東南		西北	西方	東北	南方
人體	耳	腹	足	股		首	口	手	目

這個說法是直接對應到洛書的八卦地理方位，「**坎宮高塞而耳聾**」，是指宅外北方坎宮的延伸方位，如果高聳且閉塞的話，宅中之人可能會有耳疾；「**離位摧殘而目瞎**」，是指宅外南方離宮的延伸方位，如果見到摧殘破落的景象，宅中之人可能會有眼疾。

第二種見解，不是根據地理方位，而是根據元運星所飛至的宮位，以其飛星數字對應八卦而言。舉例來說，七運所建造的房子，元運星七入中宮後，一白水星飛至東北方。因此，以這種說法而言，「**坎宮高塞而耳聾**」的「坎宮」，對於七運所建造的房宅來說，指的是屋宅外東北方的位置，而不是指原洛書八卦方位中，一白水星所對應的北方坎宮。同理，以七運所建造的房宅而言，九紫火星的元運星飛至西方，所以「**離位摧殘而目瞎**」的「離位」，指的是屋宅外西方的位置，而不是指原洛書八卦方位中，九紫火星所對應的南方離宮。見下圖所示：

六	二	四
五	七	九一離
一一坎	三	八

第三種見解，「**坎宮高塞而耳聾**」的「坎宮」，是指飛星盤中，山星一白星和向星一白星飛到哪個宮位，該宮位即為「坎宮」；而「**離位摧殘而目瞎**」的「離位」，是指飛星盤中，山星九紫星和向星九紫星飛到哪個宮位，該宮位即為「離位」。

第四種見解，「**坎宮高塞而耳聾**」是指退運的山星飛到北方坎宮。退運山星的宮位，應該要見水不見山為吉，此即「收山出煞」中的「出煞」，意謂著能脫去退運山星的煞氣。但如果宅外北方坎宮的延伸方位不但見山，而且山勢過於高聳逼壓且氣息閉塞，則毛中之人易罹患耳疾；而「**離位摧殘而目瞎**」，是指退運的山星飛到南方離宮，且宅外南方離宮的延伸方位，如果見到山形破碎或殘垣頹壁，則宅中之人易罹患眼疾。這種見解，是在第一種見解的基礎上，再加上山星退運不得令的條件。

筆者整理以下的圖表，方便讀者理解在方位與疾病的對應關係中，上述四種對於方位見解的歧見。

方位與疾病的對應關係中，對方位見解的歧見

見解一	指洛書八卦所對應的地理方位
見解二	指元運星飛泊的方位
見解三	指山向星飛泊的方位
見解四	指退運的山星，飛泊至洛書八卦所對應的地理方位

針對以上對方位見解的歧見，筆者個人採用的是第四種見解。該見解是在洛書元旦盤所對應的八卦方位的基礎上，見到醜惡的外巒頭，再加上該宮位山星退運不得令的條件下，才會產生凶應，這種見解比第一種看法更加嚴謹。

在玄空飛星風水的觀點中，在退運衰死的山星宮位處，不能再見到山，否則會增強退運山星的煞氣。如果可見到清澈乾淨蜿蜒的流水或地勢低平之處，即是將山上衰星趕下水去，方能脫出煞氣，稱為「出煞」。

若在退運山星的宮位處不但見到山，再加上所見的外巒頭山形醜惡破碎，會增強退運山星的煞氣，可能會導致如「**離位摧殘而目瞎**」的眼疾凶應；若在退運山星的宮位處不但見到山，且山勢過於高聳逼壓氣息閉塞，也會增強退運山星的煞氣，則可能會導致如「**坎宮高塞而耳聾**」的耳疾凶應。

筆者發現第二種見解存在一個問題，因為它是用房宅的元運星飛泊後，以元運星飛星數字所落在的方位，對應八卦而言。因此，如果元運是七運時，以元運星七入中宮，就不會出現「**兌缺陷而唇亡齒寒**」，因為兌在中宮，不在房宅外八卦的延伸方位；同理，當元運是九運時，以元運星九入中宮，就不會出現「**離位摧殘而目瞎**」；當元運是一運時，以元運星一入中宮，就不會出現「**坎宮高塞而耳聾**」。

所以用元運星飛至的宮位，來對應八卦方位的說法，就會產生這種難以解釋的情況。第三種見解也會產生與第二種見解類似的問題，不過在實際風水堪輿時，這種方法也是可以當作輔助參考。

此外，讀者也要知道，玄空飛星風水之法，是以飛星的當令不當令來論斷吉凶。如果在古籍中看到論斷為吉的口訣，肯定是當時飛星得令，且與外格局的形巒相應，即該見到山的宮位見到秀峰，該見到水的宮位見到秀水。

相反地，如果在古籍中看到論斷為凶的口訣，肯定是飛星失時不當令，或是雖當令，但與形巒不應，該見到山的宮位反而見到水，甚至是見到沖射反弓之水；而該見到水的宮位反而見到山，甚至是巉巖破碎的山，那當然就要論斷為凶。

簡單地說，若外在巒頭不佳，如見到以上所述的「**坎宮高塞**」或「**離位摧殘**」等問題，當飛星當令時，可能還不至於產生凶禍；但若飛星一旦退運不當令，凶禍可能立即產生。此外，當流年二黑五黃星等凶星加臨在這些宮位時，也可能會催化凶煞之氣。

此外，對各個宮位所延伸出去的方位，所產生的外巒頭形象不美善的狀況，簡單地來說，就是高大緊鄰、低陷缺損及形象醜惡殘破，可以說是一種「八卦風水病」。以中醫而言，可以簡單地理解為實證或虛證，即能量太過或不足。

讀者如果想要對這些風水疾病斷語，有更加融會貫通的體悟，就要對八卦所對應身體部位或臟腑有所理解，並靈活運用。筆者整理出以下「飛星數字與卦名、人體部位、臟腑、孔竅對照表」，供讀者參照。

飛星數字與卦名、人體部位、臟腑、孔竅對照表

飛星數字	1	2	3	4	5	6	7	8	9
八卦	坎	坤	震	巽		乾	兌	艮	離
人體	耳	腹	足	股		首	口	手	目
臟腑	腎	脾	肝	膽		大腸	肺	胃	心
開竅	耳、二陰	口	目				鼻		舌

中醫理論提到，「腎開竅於耳及二陰」，「二陰」就是指「前陰」的外生殖器、尿道口和「後陰」的肛門。腎出問題，耳朵就可能會有耳鳴現象，男性可能會有陽痿、遺精……等腎虛問題；而女性可能會產生婦科問題，如子宮肌瘤、月經不順、不孕、流產……等。

「脾開竅於口」，脾有問題，會食慾不振，面黃肌瘦；「肝開竅於目」，肝有問題，眼睛也會有問題，肝功能不佳的人，眼球常會佈滿血絲。

而在八卦與人體的對應中，離卦為心，但同樣也對應到目（眼睛）。《黃帝內經・大惑論》提到：「**五臟六腑之精氣，皆上注於目而為之精**」。此外，中醫理論也提到：「心主神明」，即指心與人的神志清明狀態有關，而眼睛是靈魂之窗，從眼睛的明澈度，可以判斷出一個人的精神狀況。因此，心對應到眼睛有其道理。

但在中醫的五臟與孔竅對應的理論中，「心開竅於舌」，若是心出問題，會有舌頭僵硬、語言不利，甚至失語的狀況，如中風、神志不清……等症狀；而「肺開竅於鼻」，肺出問題，就容易有鼻塞、流鼻涕……等症狀。

瞭解以上中醫理論所提及臟腑與疾病的關聯後，再結合八卦方位，就可以理解為什麼會「**坎宮高塞而耳聾**」、「**坎宮缺陷而墮胎**」、「**漏道在坎宮，遺精泄血**」。坎宮和腎相關聯，腎開竅於耳與二陰，「坎宮高塞」就會導致耳朵被塞住。而「坎宮缺陷」對女性而言，會因腎虛胎元不固而容易流產，也容易有經血崩漏……等症狀；「坎宮缺陷」對男性而言，會有腎虧、腎氣虛衰、精關不固而有遺精、早洩……等症狀。

除了以臟腑閞竅理論來推論外，八卦對應人體相應部位，也可以以此類推。坎－耳、坤－腹、震－足、巽－股（大腿）、乾－首、兌－口、艮－手、離－目（眼睛）。因此，當宅外北方坎位缺損，宅中之人除了可能會有遺精、泄血、流產等問題外，也可能罹患耳疾。

以此類推的話，若是宅外西南方坤位缺損，宅中之人可能會有脾胃或腹部疾病；宅外東方震位缺損，宅中之人可能會有肝功能問題、筋傷、腳疾；宅外東南方巽位缺損，宅中之人除了可能有「**巔疾瘋狂**」的症狀外，也可能會影響下肢活動功能；宅外西北方乾位缺損，宅中之人可能會有頭部外傷或老人失智的問題，宅外西方兌位缺損，「**兌缺陷而唇亡齒寒**」，宅中之人可能會有唇缺、聲啞、喉疾、口腔炎……等症狀；宅外東北方艮位缺損，宅中之人除了可能罹患鼻病外，「**艮傷殘而筋枯臂折**」，也可能會有外傷性的筋傷骨折；宅外南方離位缺損，「**離位巉巖而損目**」、「**離位摧殘而目瞎**」，宅中之人可能會有眼疾。

以上是講述當外巒頭缺損時，所對應到身體上的問題。若是如「坎宮高塞」的情形，則是屬於屋宅外的山勢太過高聳逼壓，或鄰近的大樓離自宅太近，導致氣機的凝滯不通。坎宮高塞的結果，是耳朵被塞住而影響聽力。以此類推的話，如果兌宮高塞，則嘴巴會被塞住，可能會造成語言障礙；如果離宮高塞，則眼睛被塞住，可能會造成眼翳病、甲狀腺亢進、眼球突出或失明……等。筆者只是提供一個思路，讀者可以自行舉一反三。

「高塞」的意思，是既高聳且閉塞不通，即山壁或鄰近大樓和自宅的距離太過逼近，不但有壓迫感，而且遮住光線，空氣也不流通，在這種房子內住久了，身心肯定會失調。若是房子四周的高樓遠遠地高過自宅，且棟距極近，彷彿將這間房宅四面夾殺一樣，會形成一種一生受困、四面楚歌的「彆屈房」格局。住在這種房宅格局的人，容易遭人打壓欺侮，需仰人鼻息，事業發展難有所成，健康狀況也會因為氣場不佳而走下坡。最常見的凶應，就是家人在家待不住，心情鬱鬱寡歡，且有苦難言。鄰近大樓與自宅的距離越近，或高度越壓迫，則凶應越嚴重。

宅外方位的巉巖摧殘景象，除了會導致身心失調外，我們還可以再做一番引申。如「**離位摧殘而目瞎**」，除了會影響視力，也可能會導致宅中之人有識人不明的情況。俗話說「我真是瞎了狗眼，居然相信那個騙子」，可能會因誤信人言而被欺騙或做出錯誤的投資，或因識人不清而誤交損友，把陷害自己的小人，誤以為是來幫助自己的貴人；「**坎宮高塞而耳聾**」除了會影響聽力，也可能是個性固執不聽勸；如果兌宮高塞，除了是口唇有問題外，也可能是心中鬱悶，有口難言。

一般而言，對於家中人丁健康所產生的凶應，是在該宮位面對外巒頭醜惡，且又是退運山星在該宮位時才會應驗。但若是煞氣太過逼壓自宅，就算該宮位的山星不是退運星，也同樣會產生凶應。若是沖射到神位，更是會遭致災殃。

陸

由疾病檢視居家風水問題

陸　由疾病檢視居家風水問題

身體的疾病，牽涉到先天性及後天性，也牽涉到生理、心理情志、生活習慣、運動及居家風水問題，甚至是屬於因果病的部分。本書著重針對居家風水不良，所引發的疾病及意外血光做探討。其他的致病因素，則不在本書的主要探討範圍內。

古代醫者告誡子弟：「**汝若要學醫，功夫在醫外**」。治病並不是光懂得醫理，會開藥方而已，更應博覽群書及增加人生閱歷，以提升學養及對生命的體悟。此外，要瞭解疾病的病因所在，除了生理層面，也可能有心理情志的問題，甚至是受到居家風水不良的影響。當然，人的精力有限，中醫師也不一定都能涉獵到這麼多學問。但至少要知道，患者的病因如有涉及到這些方面的問題時，就要建議患者尋求心理或風水方面的專業諮商。

本篇中，筆者提出一個風水疾病成因逆向思考的思路，當一個人罹患某種疾病時，也可以藉由疾病思索反推，檢視居家內外環境是否有引發該疾病的煞氣，或引發該疾病的不良理氣格局。

下文所提到的風水病成因，雖無法涵蓋所有風水致病的可能原因，但透過筆者所提出的這些內容，讀者可加以舉一反三。

一、呼吸系統、皮膚疾病

若是家人的呼吸系統出問題，需檢視屋宅外方是否有「煙囪煞」，尤其是會冒煙的煙囪，其造成空氣汙染的影響極大。此外，若屋宅的地基陷落，或宅外的路面比大門或主要納氣口高，或位在高架橋下，道路上的煙塵、廢氣灌入宅中，對宅中之人的呼吸系統影響甚大。

而臥室中的檢查重點，要檢查床鋪的後方是否有窗戶。若床頭後有窗，冷空氣會不斷侵襲頭部及口鼻，則不利於呼吸道。

在皮膚問題方面，中醫理論提到「肺主皮毛」，呼吸系統和皮膚都是屬於肺系統。因此，將皮膚問題與呼吸系統問題，放在一起做綜合說明。若是家中有壁癌，代表環境太過潮濕，容易引發肺部及皮膚問題。

若是家中的電線或冷氣的配管，沒有加以包覆修飾，造成電線或管線外露，彷彿有蟲蛇沿著牆壁爬行的形態，則犯了「蛇煞」，健康方面提示著居住者容易有皮膚病。

在理氣的致病組合上，《玄機賦》云：「**火照天門，必當吐血**」，《搖鞭賦》云：「**天門見火翁嗽死**」，這兩個斷語說的都是69的退運飛星組合。天是乾卦，數字為6，五行為金；火是離卦，數字為9，火會剋金。乾金代表父親，也屬肺，健康方面提示著父親易有肺病。

《飛星賦》提到：「**酉辛年，戊己弔來，喉間有疾**」，「酉辛」是指兌卦，即數字7；「戊己」是指中宮五黃，即數字5。兌為口及咽喉，五黃為病毒，當75同宮且退運時，會產生鼻咽喉之類的疾病。如山星為7，與流年飛星5加臨時的組合。

《飛星賦》提到：「**風鬱而氣機不利**」，這是84的退運飛星組合。8為艮，艮為山；4為巽，巽為風。風遇山則止，所以稱為「**風鬱**」。風遇到高大的山脈阻擋而無法流通，就會造成「**氣機不利**」，容易有呼吸系統疾病，或氣血循環不良等症狀。

《玄空祕旨》云：「**兌缺陷而唇亡齒寒**」，提示著宅外兌宮的延伸方位如果出現缺陷，如房屋缺角、地層下陷、被水流沖蝕，宅中之人可能會出現嘴唇缺陷，或聲啞、喉疾、口腔炎症……等呼吸道問題。

若是在主要納氣口的宮位，見到「煙囪煞」、「陷落煞」之類的煞氣，或房間內床頭後有窗，加上在該宮位的理氣，有以上69、75、84等退運飛星組合，即壞巒頭與壞理氣的組合，就容易產生呼吸系統及皮膚病的凶應。

外巒頭的煞氣，結合引發疾病的理氣，就容易產生疾病或發生意外血光的凶應，此為通則，以下不再贅述。以上情形若出現在主要納氣口，則全家人都會受影響。若是出現在某個房間，則住在該房間的成員，會受到主要的影響。

此外，有些引發疾病的理氣組合，是屬於通用型的理氣煞氣組合，如25的退運飛星組合。《紫白訣》提到：「**二五交加，罹死亡並生疾病**」，《祕本》也提到：「**二五交加必損主**」，25的退運飛星組合，是屬於一級煞氣型的組合，通用於各種外煞。只要見到外煞的宮位，是25的退運飛星組合，則該種煞氣的凶應就容易應驗。

二、心臟、血管疾病

若是家中成員有心臟、血管疾病，需檢視屋宅外方是否有「高壓電塔火煞」的煞氣。由於高壓電塔屬火，心臟也屬火，所以容易引發心臟、血管疾病的問題。

若屋宅門前有大樹，則不可離自宅過近。大樹之根容易竄入屋內或房屋底部，造成房體受損，暗示著家人容易有筋骨痠痛及血管疾病。

此外，居家風水的「穿堂風」煞氣，猶如一箭穿心般的沖射，也容易引發心臟問題。房宅的中心點，如同人的心臟位置，在這個宅心的位置，很忌諱有「廁居中」、「灶居中」和「梯居中」的風水煞氣。若是有「梯居中」的煞氣，尤其是螺旋型的旋轉樓梯，如同螺旋型的開酒瓶器鑽入宅心，更是一大忌諱，也容易導致家人的心臟問題。

居家風水中，廚房屬火。若廚房設置在如同房宅心臟處的「穴眼」，則犯了「灶居中」的煞氣，家人容易產生心臟、血液、心腦血管、眼睛……等疾病。

若居家風水犯了「蛇煞」，在健康方面，提示著居住者容易有皮膚或血液疾病，如同蛇毒攻心一般，所謂「有形則有靈」、「有形則有煞」。

在理氣的致病組合上，《飛星賦》提到：「豈堪損乎離心艮鼻」，南方離宮為心，心主血液。若退運山星落在離宮，再加上外巒頭醜惡，或有尖角沖射、反弓煞、剪刀煞……等，就容易產生心臟、血液疾病。

此外，91的飛星組合，9為離卦，為火；1為坎卦，為水，火被水所剋，主心臟、眼睛的疾病。雖然目前山星9為未來吉星，但遇到向星為1，水來剋火，若再加上外巒頭醜惡，同樣容易產生凶應。

三、腸胃、肝膽疾病

若是家人的腸胃時常出問題，或搬入新家不久後，家人的腸胃就開始出現毛病，需檢視屋宅外方是否有「蜈蚣煞」的煞氣。若犯了「蜈蚣煞」的煞氣，不利於腸胃，對小孩的健康尤為不利。

對於室內的環境檢視，需察看主要納氣口（大門或最大採光面落地窗拉門處）的位置，是否有堆放雜物垃圾。如果堆滿雜物垃圾，這個門即為「口臭門」，穢氣就會進入家中，自然無法「藏好風，納吉氣」，也會影響家人的腸胃健康。

家中如果有味煞，就要將產生味煞的問題，做好妥善處理，否則也會影響家人的腸胃系統。如處理「灶包廁」的煞氣，廁所必須要加裝過膝長簾，並保持廁所的整潔乾燥。馬桶上方可擺放土種黃金葛之類的植栽，加上用鹵素燈投射黃金葛做化解。藉著光合作用，以改善廁所內的穢氣。廁所中也可使用空氣淨化機或薰香燈，盡量減輕味煞的危害。

此外，也要檢視家中東北方、中宮及西南方等方位，有否擺放魚缸、水缸、流水盆之物。因為這些物品的五行屬水，如果將這些水象物品，擺放在屬土的方位上，容易讓家人有水土不服的腸胃問題，尤其是在中宮的位置，更是忌諱擺放這些屬於「真水」的水象物品。

臥室風水的檢查重點，要檢查是否有吊燈壓到床鋪正中央的位置。因為當人躺在床鋪時，這個位置大約是位在人的腸胃位置。

若臥室內的廁所門與床鋪相對，容易影響健康。若廁所馬桶與床鋪相對，則凶應更大，且廁所門與床鋪的距離越近，影響越大。如果長期被廁所穢氣沖射到身體中段，會造成腸胃失調。

從臥室往外看，如果臥室門正對冰箱，也會影響腸胃，因為會誘使住在該房間的人，不斷地會想要打開冰箱門，在長期飲食不節下，會產生腸胃疾病。

在理氣的致病組合上，《玄空祕旨》提到：「**腹多水而膨脹**」，這是21的退運飛星組合，是指腸胃消化不良，有積水現象。而《玄機賦》提到：「**風行地上，決定傷脾**」，這是24的退運飛星組合。提示著由於肝木太過而剋脾土，出現「肝脾不和」的病理表現，產生精神躁鬱、胸脅脹滿、腹瀉、腹痛及大便不成形等脾虛症狀。

《飛星賦》提到：「**臨云泄痢**」，「臨」卦為「地澤臨」卦。這是27的退運飛星組合，主泄痢，即拉肚子。《飛星賦》也提到：「**豫擬食停**」，這是32的退運飛星組合，有食積的症狀。

在本書第伍篇的第一節〈由宅飛星盤分析判斷疾病〉中，由於筆者已經詳細說明這些飛星組合的五行生剋，所以不再贅述，在此僅簡單敘述這些退運飛星組合所產生的症狀。

《飛星賦》提到：「**紫黃毒藥，鄰宮兌口休嘗**」，此為957的飛星組合。九紫為火、五黃為毒，遇到象徵「口」的流年七赤星加臨，有把毒藥放到口中的意思，容易發生食物中毒，或影響腸胃消化道等健康問題。如果該宮的區域是廚房，就更容易應驗了。

在肝膽疾病方面，《玄空祕旨》提到：「**破軍居巽位，顛疾瘋狂**」，如果宅外巽宮的延伸方位出現破軍山，即見到破碎歪斜不正的山形，或破落歪斜不正的危樓，則可能會產生癲狂的情志病，情緒上容易歇斯底里。八卦對應人體的臟腑上，巽位對應膽。中醫理論認為，膽和肝同樣掌管人體的氣機疏泄功能，肝膽氣滯鬱而化火，會影響神志的清明，容易情緒失控，產生歇斯底里、癲狂的狀況。

四、生殖泌尿系統、婦科疾病

若是家人有生殖泌尿系統、婦科疾病或不孕的問題，可以檢視廁所是否乾淨整潔。在居家風水中，廁所的位置，正好相應到人體的生殖泌尿系統。若是廁所門被壁刀切到，或被樓梯牆角的尖角所沖射，都會影響家人的生殖泌尿系統。

此外，廚房橫樑壓到女主人煮飯的位置，以及爐灶後有壁刀，都會影響女主人的健康，可能會導致婦科疾病，或意外血光之災。

臥室風水的檢視重點，則要檢視床尾是否朝向窗戶。人在睡覺時，若是腳的位置向窗，當風從窗戶吹灌進來時，下半身就容易受影響，而導致生殖泌尿系統疾病、婦科疾病、腳疾……等。若是套房內有廁沖床的煞氣，且沖射到人體的下半身時，也容易導致上述種種疾病。

床鋪的上方若有吊燈或燈刀沖射腹部，也會造成腸胃不適、不孕或流產等問題。

此外，床下若是堆滿雜物，床下空氣無法流通而穢氣聚集，會導致人睡不安穩，也會影響運勢及健康。在健康方面，女性易產生婦科疾病，男性易有泌尿生殖系統疾病。床下的氣場若是汙穢，也不利於受孕。

在理氣的致病組合上，《飛星賦》提到：「**子癸歲，廉貞飛到，陰處生瘍**」，「子癸」是指坎卦，即數字1；「廉貞」是指五黃星，即數字5。坎水為腎臟及生殖泌尿系統，五黃為病毒，如果15同宮且退運時，如山星為1，向星為5或遇到流年飛星5加臨時，會產生腎臟、生殖系統的問題，也可能有腸病、性病之類的疾病。

《玄空祕旨》提到：「**漏道在坎宮，遺精泄血**」，《玄機賦》也提到：「**坎宮缺陷而墮胎**」，說的是宅外坎宮的延伸方位，若有陷落的景象，男性容易有腎虧、遺精等症狀；而女性則容易有婦科疾病如血崩、經血淋瀝不止，或是發生流產等情事。前文已提及若在該宮位見到以上的景象，再加上該宮位的山星又是退運星時，就容易有此凶應。

《飛星賦》提到：「**乳癰兮四五**」，4為巽卦，為長女，亦代表乳房；5為五黃，也代表膿血、癰毒。當45同宮且退運時，有罹患乳癌的可能。

五、感官疾病

頭面感官的疾病，包括眼睛、耳朵、鼻子、嘴巴的疾病。若是家人有眼疾，可以檢視家中是否有雜物遮住窗戶。居家風水強調「人宅合一」、「相宅如相人」，若雜物遮住窗戶，如同眼睛被遮住而看不清楚，不但容易識人不清而誤交損友，或做出錯誤投資，也會導致眼疾的發生，必須要移除緊鄰窗前的雜物或櫃子。

屋宅若犯了「反光煞」，陽光被對面大樓玻璃幕牆、釉面磚牆或磨光大理石反射到自宅，刺眼的光線，會造成宅中之人容易煩躁、精神不集中、反應遲鈍、心神不寧，也會導致眼疾的產生。

家宅前方若有假山、巨石，不但擋住視線，造成明堂狹窄，導致事業受阻前路難行，家中之人也易有口、眼、腳疾等問題。

在理氣的致病組合上，91的飛星組合，9為離卦，為火；1為坎卦，為水，火被水所剋。由於離卦也代表眼睛，所以也可能會產生眼疾。

《玄空祕旨》云：「**坎宮高塞而耳聾，離位摧殘而目瞎。兌缺陷而唇亡齒寒**」，說的是當宅外坎宮的延伸方位，有緊鄰的山丘或高樓，宅中之人可能會產生耳疾；而在宅外離宮的延伸方位，若是出現摧殘的景象，如見到地面被挖掘、破碎山壁等，宅中之人可能會產生眼疾；如果宅外兌宮的延伸方位出現缺陷的景象，如房屋缺角、地層下陷、被水流沖蝕，則宅中之人可能會出現嘴唇缺陷，或聲啞、喉疾、口腔炎症……等問題。

83、84的退運飛星組合，8為艮卦，為山，也代表鼻子，五行屬土；3為震卦，4為巽卦，兩者的五行皆屬木。土被木所剋，主鼻病。

六、頭痛、暈眩

若是家人有頭痛、偏頭痛、暈眩等問題，可以檢視床鋪的後方是否有窗戶。若頭後有窗，則頭部的「百會穴」容易受風寒入侵，導致頭痛、呼吸系統……等疾病。

居家風水中，如果在客廳沙發或座椅旁或後方放置魚缸，而魚缸的最高水位，比坐在魚缸旁邊的人高，就犯了「淋頭水」煞氣，日子一久，容易導致頭痛。

床頭的後方若是廁所馬桶的位置，則犯了室內的「淋頭水」煞氣。床頭的後方應該要安靜，若在睡覺時，不斷地聽到水流流動或沖馬桶的聲音，則不利睡眠，容易有頭痛、腦神經衰弱……等症狀。

此外，在床頭的上方，如放置流水瀑布畫作，也是犯了「淋頭水」煞氣。畫作的水屬於「陰水」，雖然不是真正的流水，但因為「有形則有靈」，畫作中的意境，也會造成流水瀑布淋頭的心理暗示，會影響睡眠，甚至引起頭痛。

套房內若有「廁沖床」的情況，且沖射到人的頭部，會導致頭面之疾。床頭上方若有橫樑，則會造成樑壓床頭的煞氣，也會導致頭痛、失眠。

在洛書後天八卦方位中，西北方乾位主頭部，如果在居家西北方堆滿雜物垃圾，也可能會引發頭痛、暈眩……等症狀。

《飛星賦》提到：「**頭響兮六三**」，6為乾卦，為頭；3為震卦，為動也為聲響，其性為上騰，在臟腑中為肝。63的退運飛星組合，代表肝陽上亢所導致的頭痛耳鳴。

七、失眠

在居家風水中，有諸多原因會引發失眠，如隔壁工廠機器的運轉轟鳴聲、街道上的吵鬧喧囂聲、大樓凹風煞的風聲鬼哭神號……等室外聲煞，或魚缸及流水盆的幫浦馬達聲、時鐘、風鈴……等室內聲煞，這些室內外聲煞，都會影響睡眠。

若住宅面對路沖，來往車輛的噪音、燈光直射及心理壓力，會影響睡眠；若鄰近高架橋，車輛的震動影響心神，令人煩躁不安，噪音及晚上車輛的燈光也會干擾睡眠。以上的種種噪音或燈光，都會造成失眠症狀，久而久之，也容易導致腦神經衰弱。

臥室若是位於懸空區域的上方，如下方空間為騎樓或車道，則犯了「懸空屋」的煞氣，會使居住者容易睡不安穩及精神耗弱；床頭上方若有橫樑或吊燈，會造成橫樑或吊燈壓床頭的煞氣，而導致頭痛、失眠；若床頭後方有窗，或是套房內有廁沖床，且沖射到人的頭部，都可能會導致失眠。

此外，若有梳妝鏡、立鏡、電視螢幕……等鏡面物體反射床鋪，則犯了「鏡照床」的煞氣。鏡面的反射造成自己的驚嚇，長期的心神不寧、魂魄不安，會導致失眠及腦神經衰弱。

前文已提及，如果在床頭後方就是廁所馬桶的位置，或是將流水瀑布畫作放在床頭的上方，都是犯了臥室內的「淋頭水」煞氣。除了可能會導致頭痛外，也容易造成失眠、腦神經衰弱。

八、腫瘤疾病

若家人有腫瘤疾病，可以檢視門前是否有長樹瘤的大樹。大門口前如果出現不吉的徵兆，會影響全家人的運勢。門前的老樹易和宅中之人產生感應，所以要格外注意。如果老樹有樹瘤，也暗示著宅中之人可能會長腫瘤，或有駝背一類的問題。大樹所在的方位，會對應到家中相應的成員。

居家牆壁若鋪設大面積的文化石或鵝卵石，牆壁看起來凹凸不平，代表事業前途崎嶇坎坷，也提示著容易長腫瘤的危機。有些人喜歡收藏石頭藝品，若臥室中擺滿了石頭藝品，由於石頭有陰寒之性而不利健康，有形則有靈，身體也易長瘤狀物。

若是用鵝卵石或白色碎石鋪在門口前面造景，提示著出門後的人生路途坎坎坷坷，會遇到許多不平順的事，也代表有長腫瘤的危機。

房間若為凸角房，相對應的家中成員身體容易長增生物，如脂肪瘤或腫瘤。

九、腦神經衰弱、心理及精神疾病

若家人有腦神經衰弱，或心理、精神上的疾病，可以檢視居家內外是否犯了「植物陰煞」。

若屋宅門前有大樹緊鄰，使陽光難以進入家宅，則犯了「暗堂煞」，易招陰而得陰邪之症。

若房屋外牆爬滿九重葛、牽牛花等攀藤類植物，則犯了「勾絞煞」。房宅就如同被陰邪之物纏繞勾絞而無法脫身，住在這種帶有植物陰煞的房宅中，居住者容易看到陰邪之物，或產生憂鬱症、神志不清等症狀。

房宅外若有惱人的聲煞，如鄰居的裝修振動聲、工地動工而整天震天價響、改裝車輛及營業場所的重低音喇叭聲……等噪音，持續的高分貝噪音，不但影響聽力，也是一種精神折磨，會讓人頭痛耳鳴、腦神經衰弱。

若在房宅外看到形似棺材之物，包括天棚、遮陽棚、半圓形倉庫屋頂……等，則犯了「棺材煞」。居住者的潛意識會聯想到死亡而感到晦氣，內心不安而疑神疑鬼，長期下來容易造成腦神經衰弱而身心失調，導致出現陰邪怪事。

若是臥房位於陽台外推處，或是位於騎樓的上方，下面懸空沒有接地氣，這個區域的氣場就會擾動混亂，且因其陰氣較盛而容易成為陰陽交界之處。人睡在陽台外推處，潛意識中知道下面是空的，久而久之也容易心神不寧，而且由於長期睡不安穩導致精神耗弱，就容易出現卡陰的狀況，這是由於陽氣虛衰所造成的結果。

臥室內如果犯了「鏡照床」的煞氣，會讓人心神不寧、魂魄不安。如果半夜起來如廁，看到鏡中的人影，可能會被嚇得半死，長此以往，會導致腦神經衰弱。

在理氣的致病組合上，《玄空祕旨》云：「**山地被風，還生瘋疾**」，是指84或24的退運飛星組合。山是指艮卦，數字為8；地是指坤卦，數字為2，艮坤的五行都屬土；風為巽卦，數字為4，巽的五行屬木。五行上為向星的木剋山星的土，山星受剋則會影響健康。在這不良理氣的影響下，容易產生「躁鬱症」，嚴重者有「歇斯底里」的「瘋疾」症狀。

《飛星賦》提到：「**火暗而神志難清**」，火為離火，為九紫火星，數字為9，而坤土數字為2。當離火遇到陰濕之坤土則晦暗，五行上火會生土，土會讓火變弱。火為目，也為心，為神志，火變弱會導致精神耗弱，疲勞嗜睡，精神難以集中。

《飛星賦》提到：「**碧綠風魔，他處廉貞莫見**」，這是飛星345的組合。碧為三碧木，綠為四綠木，即34同宮容易精神不穩定，有狂躁等症狀，萬一再遇上廉貞星五黃星加臨時，狂躁的狀況就會大爆發。

《玄空祕旨》提到：「**破軍居巽位，顛疾瘋狂**」，提示著如果宅外巽宮的延伸方位，見到破碎歪斜不正的山形，或破落歪斜不正的危樓，可能會產生癲狂的情志病，情緒容易歇斯底里。

十、意外血光、筋骨疾病

居家風水中，會造成意外血光的煞氣，可說是不勝枚舉。在屋宅外的煞氣，舉凡壁刀的風切、路沖、巷沖、尖角沖射、寺廟飛簷煞、剪刀煞、天斬煞、反弓煞、反光煞、血池照鏡、出門見柱、棺材煞……等等，都會導致意外血光的發生。

這其中第一種類型煞氣，是由於受到宅外氣流不穩定所造成的影響，如壁刀的風切、路沖、巷沖、尖角沖射、寺廟飛簷煞、剪刀煞、天斬煞、反弓煞等；第二種類型煞氣，則是屬於光線反射所造成的影響，如反光煞、血池照鏡等；第三種類型煞氣，是屬於受到心理暗示的影響，如出門見柱、棺材煞等。

煞氣影響程度的大小，與煞氣的大小、形狀、顏色，及與自宅的距離均有關聯，煞氣越大且與自宅的距離越近，對自宅的影響就越大。而屬於心理暗示型煞氣的影響程度大小，除了與自宅的距離有關之外，也與居住者的心理感受有關，越在意則影響越大。若是受到心理暗示而產生情緒不安的感覺，長期下來，會造成腦神經衰弱而身心失調，也容易由於不專心而發生意外血光之災。

在居家的風水中，要檢視是否有壓樑、灶後有壁刀、主座位後有壁刀、梯刀、房中針、天花板的燈刀、室內割腳水、臥室吊燈壓到床鋪……等煞氣，這些煞氣提示著可能會有意外血光之災。此外，若是套房內有廁沖床，沖射到人的身體下半身時，容易導致腳疾。

如果屋宅前有大樹，且離自宅過近，大樹之根竄入屋內或房屋底部，不但造成房體受損，也暗示著家人容易有筋骨痠痛及血管疾病。家宅前方若有假山、巨石，除了導致前路難行，也容易引起腳疾。

在理氣的致病組合上，《紫白訣》云：「**四綠固號文昌，然八會四，而小口殞生；三八之逢更惡**」，84的退運飛星組合，對嬰幼兒會有所損傷，可能會產生疾病或意外的發生。83的退運飛星組合更是不利，因為3代表三碧祿存星，是一顆凶煞之星。

《玄空祕旨》云：「**足以金而蹣跚**」，在八卦與人體的部位對應上，震卦為足，數字為3。金為六白金和七赤金，提示著36及37的退運飛星組合，會產生腳部問題。有可能是遭遇外傷，如發生車禍傷到腳；或因氣血不暢而導致腳疾。

《飛星賦》提到：「**切莫傷夫坤肉震筋**」，西南方坤宮為脾，脾主肉；東方震宮為肝，肝主筋。如果退運山星在西南方坤宮，再加上外巒頭醜惡破碎，或有尖角沖射、反弓煞、剪刀煞……等煞氣，就容易有脾胃或肌肉方面的問題；如果退運山星在東方震宮，再加上外巒頭醜惡破碎，就容易有肝功能受損或筋傷、腳傷等問題。

《玄空祕旨》云：「**艮傷殘而筋枯臂折**」，如果宅外艮宮的延伸方位，出現殘缺破落的景象，且退運山星在其宮位，則容易發生手臂的筋傷骨折。

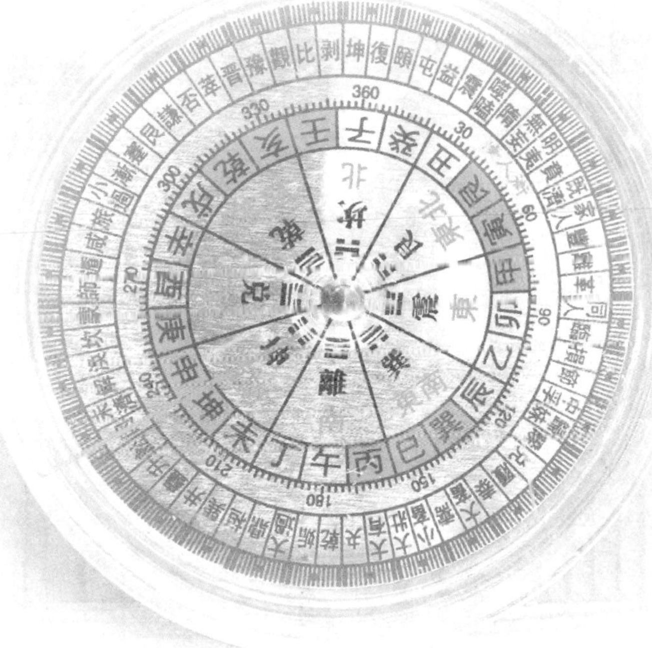

柒

調和陰陽五行，補虛瀉實

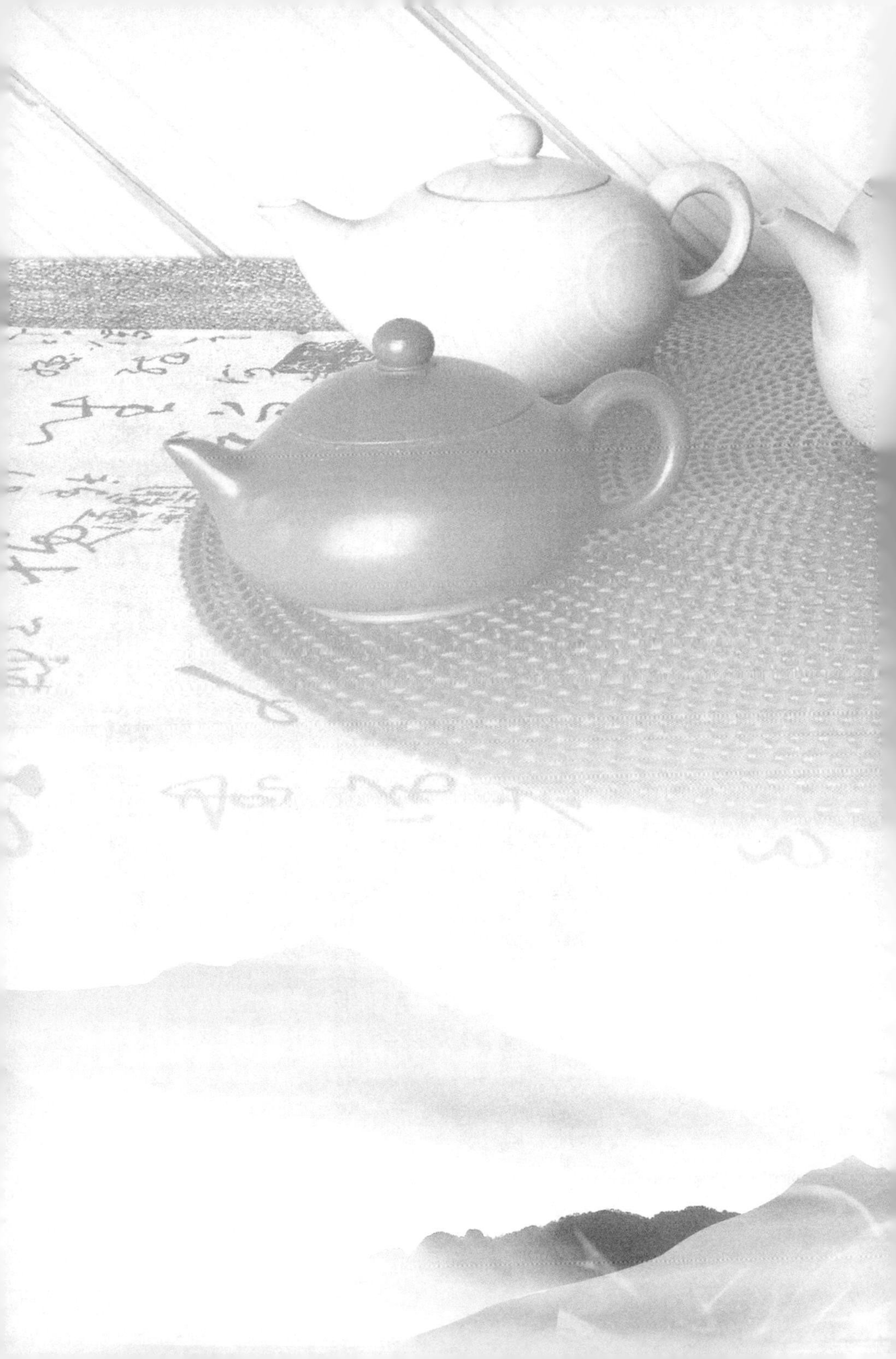

柒 調和陰陽五行，補虛洩實

前文的篇章中，筆者已經闡述了煞氣對身心健康及意外血光的影響。其中包括了眼睛所見到的形煞、耳朵所聽到的聲煞、鼻子所聞到的味煞、身體所感受到的陰煞，以及不可感知，必須透過理氣推算才能得知的理煞。在面對煞氣時，也提供了對應的化解之法。但我們不能只停留在使用化煞之法的層次，要更深入地體悟化煞之法的陰陽及五行之道。

中醫和居家風水，都非常重視陰陽與五行的平衡。本篇的重點著重在中醫及居家風水中，如何達到陰陽平衡，並藉由認識五行的生剋關係，調理五行以補虛洩實，達到扶正祛邪或趨吉避凶的目的。

一、中醫與居家風水的陰陽平衡與對治

《黃帝內經・上古天真論》：「**上古之人，其知道者，法於陰陽，和於術數**」，這一段話說明古代體悟大道之人，會依據符合陰陽和諧之道的養生之法，過著規律的生活。

中醫極為重視陰陽的觀念，不管是在理論或治療方法上都是如此。《黃帝內經・陰陽應象大論》云：「**陰陽者，天地之道也，萬物之綱紀，變化之父母，生殺之本始，神明之府也，治病必求於本**」、「**善診者，察色按脈，先別陰陽**」。這兩段話強調，精通中醫診斷的醫生，在觀察病人的氣色與診脈時，必須要先判斷出病人所患的疾病，是屬於陰證還是陽證。

中醫火神派的祖師爺－清朝的鄭欽安先生，在其《醫理真傳》一書的序文中說道：「**醫學一途，不難於用藥，而難於識症，亦不難於識症，而難於識陰陽**」。即辨識疾病的陰陽屬性難度係數最高，其次才是由症狀辨識疾病，最後才是處方用藥。因此，辨識疾病的陰陽屬性，是治療疾病最基本的步驟，但卻也是最有難度的部分。因為有些疾病是「真寒假熱」，疾病的本質是寒症，但症狀的表現卻是熱症，醫者若惑於「假熱」的表象而開出寒涼藥，就會造成誤治。

中醫的治法中，有「**寒者熱之、熱者寒之、實者洩之、虛者補之、燥者潤之、濕者燥之**」……等治療原則，這就是一種陰陽平衡的體現。

如得了風寒感冒，可以喝薑湯或桂枝湯等中藥，以溫通陽氣發汗祛邪；但如果是得了風熱感冒而喉嚨痛，就會使用桑菊飲、銀翹散之類的中藥以清熱解表。若罹患風熱型感冒，卻服用溫補類中藥，會造成誤治而加重病情。

如果是由於吃了生冷食物而導致腹痛，可在肚臍眼周圍或中脘、下脘等穴位，實施艾灸以溫通經脈；若是治療婦女更年期的躁鬱症，病因若是由於肝氣鬱結所造成，鬱而化火生熱，火氣上擾頭目，會導致煩躁易怒。可使用「加味逍遙散」，又稱為「丹梔逍遙散」的「婦科聖藥」以施治。方劑中的牡丹皮和梔子的作用在清熱涼血，薄荷的功用在芳香清涼以開竅。

以上的這些例子，體現出中醫治病的原則及方法，只要辨別清楚是陰證還是陽證，就可以採用對治法，以達到陰陽平衡。中醫治病的原則強調，中藥也是一種「毒藥」，所謂的「毒」，不是指吃了會讓人馬上中毒，而是指這些中藥為何能治病，因為它有著「偏勝」的性質，即偏陰、偏陽、偏熱、偏寒……等等。藥性偏陽才能治陰證，藥性偏陰才能治陽證。因此，中藥不能當飯吃，要「中病則止」，即病好了，身體已經恢復陰陽平衡，就不能再服用該方劑了。

巒頭風水也很重視陰陽的結合，如山巒屬陰，而山巒起伏屬陽。山巒走勢要蜿蜒曲折，上下左右能擺動變化，形態良好且草木茂盛，才是「陰中有陽」的「有情山」；水流不斷地流動屬陽，而水流的曲折停蓄為陰，這是「陽中有陰」的體現。若是水流過於快速或水聲嘈雜，代表陽氣過於旺盛，就不是「陽中有陰」且能聚氣的「有情水」。

在風水的理氣格局上，「宅飛星盤」山星和向星的組合，也是強調陰陽相配的重要性。《玄空祕旨》提到：「**雌雄配合，世出賢良**」，陰陽雌雄的配合才是正配。在飛星組合上，一般而言，由於孤陰不生、獨陽不長的緣故，較不喜歡見到純陰或純陽的組合。

居家風水的調理，也極為重視陰陽的平衡與和諧。如住宅犯了「反光煞」的煞氣，是屬於陽氣過盛的狀態，所以在風水上的調理，就必須「以陰治陽」。由於陽（陽光）太過，需要以陰（在窗戶上黏貼霧面貼紙、加裝厚重窗簾、擺放闊葉盆栽遮擋）來調節制衡。

自宅若是面對到路沖或剪刀煞之類的煞氣，是屬於氣流過於旺盛而沖射自宅，也是一種陽盛的表現，所以必須要「以陰治陽」。門口可築起圍牆或種植樹木、圍籬樹牆遮擋；或使用大石塊阻擋，再用硃砂筆寫上「泰山石敢當」鎮煞；或在面對路沖或剪刀煞處，做一道水牆或水池，以阻斷煞氣。上述方法都屬於「以陰治陽」的化煞方法，其目的是要調節陰陽的平衡。

若室外大樹的樹葉過於茂盛，導致客廳太過陰暗的「暗堂煞」，則必須要修剪擋住陽光的樹枝樹葉，讓室外光線能充份地進入屋中；在室內室外需加裝燈光照明，以增加陽氣動能；室內牆壁的顏色，則採用淺色系的油漆或壁紙，以增加視覺亮度，上述方法都屬於「以陽治陰」的化煞方法。

若是房屋外牆爬滿九重葛、牽牛花等攀藤類植物，則犯了「勾絞煞」。化解之法必須將攀藤植物清理乾淨，以保持外牆的平整乾淨，否則會陰盛陽衰而造成陰陽失調。

又如自宅位於無尾巷尾端，由於無尾巷的危害，是因為氣場凝滯而氣機不暢，是屬於「陰煞」。因此，必須活絡無尾巷尾端的氣場，增加陽氣的能量，以陽氣來化解陰煞。藉由擺放數盆齊腰的大型闊葉盆栽，或設計流水造景，以加強氣場的活絡。上述方法都屬於「以陽治陰」的化煞方法，其目的也是為了要調節居家風水的陰陽平衡。

透過這些例子，相信讀者對中醫和居家風水陰陽平衡對治之法的應用，就會有了清楚的概念。從表象看起來是化煞，但以本質而言，其實是調和陰陽以達平衡。

二、中醫與居家風水的五行生剋與調理

五行即為「木、火、土、金、水」，首先我們來瞭解五行的相生與相剋的關係，再來學習如何運用。

五行相生關係：

木生火→火生土→土生金→金生水→水生木→木生火

五行相剋關係：

木剋土→土剋水→水剋火→火剋金→金剋木→木剋土

筆者整理出一份「五行對應系列對照表」，將同五行系列的事物排列在一起，這些事物都是屬於同一個屬性系列，彼此能起到增益比和的作用。

五行對應系列對照表

五行	木	火	土	金	水
五臟	肝	心	脾	肺	腎
五腑	膽	小腸	胃	大腸	膀胱
五色	綠	紅	黃	白	黑
五方	東	南	中	西	北
五味	酸	苦	甘	辛	鹹
五志	怒	喜	憂	悲	恐
開竅	目	舌	口	鼻	耳&二陰
形狀	長方形	三角形	正方形	圓形	不規則形
數目	三、八	二、七	五、十	四、九	一、六

《易經・繫辭》提到：「**方以類聚，物以群分**」，這是事物的規律，同質性的事物就容易聚集在一起。在中醫的理論及應用上，提到如果要清肝，可以喝綠豆湯；如果要補心氣，可以喝紅豆湯，這是運用不同顏色的五行，調理相對應的臟腑。又如在情志方面，怒傷肝，發怒就會傷肝；而受到驚嚇恐懼的人，就會傷到腎臟，甚至會導致大小便失禁。而五行的對應數目，是根據河圖理論而來的：「**一、六共宗（屬水），二、七同道（屬火），三、八為朋（屬木），四、九作友（屬金），五、十同途（屬土）**」。

中醫在五行治療疾病的理論及治療方法的運用上，強調「**實則洩（瀉）其子，虛則補其母**」。可以使用「五輸穴子母補瀉法」，對十二經脈的病症進行補瀉。若判斷疾病為胃經的實證，可用胃經的子穴「厲兌穴」以瀉胃火或胃脹等症狀。這是由於胃經的五行屬土，而胃經上的「厲兌穴」五行屬金，土生金，所以可瀉胃經實證；反之，若判斷疾病為胃經的虛證，可用胃經的母穴「解谿穴」補胃氣，胃經的「解谿穴」五行屬火，火能生土，所以可以補胃氣。

又如在紐西蘭很多人患有花粉症，若判斷為肺氣虛的證型，可以藉由補脾胃來強化肺臟功能，因為脾胃在五行中屬土，土可生金，此即「培土生金法」，也是「虛則補其母」的具體應用。

中醫雖以針灸及中藥治病為常法，然而，中醫治病的方法卻不僅於此。古人使用五行治病的方法，可說是非常的多元化，不但有其技術性，也有其藝術性。如可用音樂的五音「宮、商、角、徵、羽」，來調暢身體的五臟氣血。

《黃帝內經・邪客》云：「**天有五音，人有五臟；天有六律，人有六腑……此人與天地相應者也**」，五音為宮、商、角、徵、羽，五音可對應人體的五臟。宮音屬土，對應於脾，其聲平穩柔和；商音屬金，對應於肺，其聲急促清脆；角音屬木，對應於肝，其聲高暢悠長；徵音屬火，對應於心，其聲熱情雄厚；羽音屬水，對應於腎，其聲低沉細柔。

透過相對應的五音，可以調暢人體五臟，使其氣血通暢，以亢奮生理機能或用以安定心神，最後陰陽氣血調和而病退人安，這是「五音療疾」的理論及其運用。《史記・樂書》也提到：「**音樂者，所以動盪血脈，通流精神而和正心也。**」

在中醫療法上，也可以運用五行生剋來治療情志病，《黃帝內經・陰陽應象大論》云：「**人有五臟化五氣，以生喜怒悲憂恐**」。五臟與情志的對應如下：「肝的情志為怒，心的情志為喜，脾的情志為思（憂），肺的情志為悲，腎的情志為恐」，正常的情緒抒發，並不會影響五臟疏泄的功能，但若是情志過度壓抑或過度發洩，就會造成身心失調的狀況。

即怒傷肝，喜傷心，憂思傷脾，悲傷肺，恐傷腎。「范進中舉」，就是典型因過喜而傷到心氣的故事。清朝的范進因為中了舉人太過高興，而犯了失心瘋，被他最懼怕的丈人打了一巴掌後才回魂，這可說是以水（恐懼）剋火（過喜）的情志五行應用案例。

有醫案記載，有人因憂思過度而病重，茶飯不思且無法下床。以五行而言，這種憂思過度的症狀屬於「土鬱」，即土太過度而壅堵了。因為憂思傷脾的緣故，這是一種「情志病」，也就是心病，所以藥石罔效。有一位醫者用嘲笑戲弄的方法，故意激怒患者，患者竟然氣到坐起來破口大罵，想不到壅堵的氣也因而通暢，最後病也痊癒了。這是因為在情志上，土太過則可用「木能剋土」的原理來處理。而發怒的情緒，在情志五行上屬木，木旺就能剋制過度的土，即發怒可以宣洩鬱積的憂思。

居家風水的調理，也極為重視藉由五行的生剋調理，以補虛洩實。如犯了「二黑五黃煞」，可以擺放六帝錢或六個現代通用的銅幣，或銅鈴之類的金屬用品做化解。由於二黑星和五黃星的五行屬土，所以可用金屬物品化洩，因為土生金，金會洩土氣的緣故。

調理居家風水，必須明白陰陽及五行之理。如體質較燥熱、個性浮躁的人，在房間色系的選用，可用偏冷色系，如水藍色的油漆或壁紙，以冷卻及安定身上的燥火，一方面是「以陰治陽」的運用，另一方面也是「以水剋火」的五行運用；反之，體質較虛寒、個性內向冷淡的人，在房間色系的選用，可用偏暖色系，如淡橘色、淡黃色的油漆或壁紙，以增加房間的視覺暖度與提升氣場能量，一方面是「以陽治陰」的運用，另一方面也是「火火相生」的五行比和運用。針對不同體質的人，運用不同色系的油漆或壁紙，也是一種風水客製化的應用。

有風水老師提到，大壁鐘不能放在東方和西方。尤其若是原本家中男主人的健康較差，或者是女主人較為強勢，會導致這個情況更為嚴重。筆者對於這個說法的理解是，東方震宮是屬於長子的宮位，在五行上屬木，如果長子或家中男性的健康不佳，而家中的東方震宮，放上五行屬金的大壁鐘，就更會造成金剋木的局面，對長子或家中男性的健康更為不利；而西方是兌宮，屬於少女(小女兒)的宮位，五行屬金，如果說這個女孩子已經被寵得非常驕縱，或女主人已經非常強勢，當再放上大壁鐘時，並會旺金，更會助長其氣勢。

因此，不同材質的物品，放在不同的方位，也需要做一番考量，尤其是越大型且為動態物品的影響更大，如前文所提及會發出聲響的金屬大壁鐘。動態物品放在吉方可催吉，但放在煞方會激化煞氣，因為煞方宜靜不宜動的緣故。若能善用五行的生剋補洩，就能對居家風水起到趨吉避凶、催吉化煞的作用，自然也有助於居住者的健康，及避免發生意外血光之災。

三、辨識家中物品的五行屬性

萬事萬物都可歸類五行，家中物品也可分析其五行的屬性。有些物品的五行屬性較為單一，有些物品則具有多種五行屬性。如馬形的鹽燈，鹽燈具有土中有火的意象，火可以生土，是一種可以旺土的動態物品。而外形是馬形，馬的五行屬火，所以馬形鹽燈，對火、土能量的增旺都有加分效果。此外，壁爐屬火、電熱器也是屬火，能發熱的物品都屬火。

有些物品具有多種五行屬性，以水晶為例，雖然水晶是礦石，五行上屬土，但仍可依水晶的顏色及形狀，分析其五行屬性。如紫水晶屬火，黃水晶屬土，白水晶屬金，綠水晶屬木，黑水晶屬水。

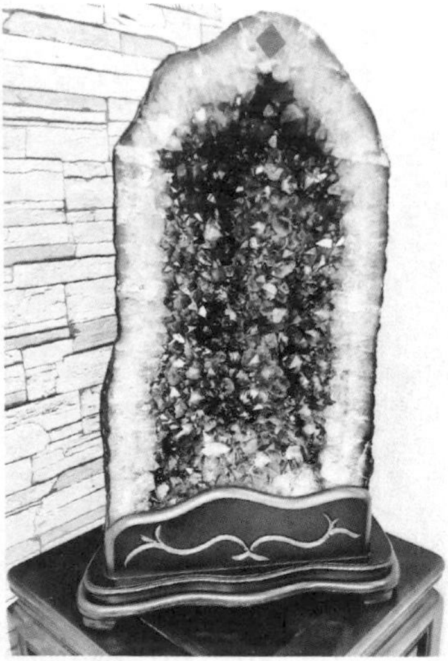

長直形的紫水晶洞，具有木、火、土的五行之性

而以晶洞的形狀五行而言，三角形屬火，長直形屬木，方形屬土，半圓形屬金，不規則形屬水。因此，長直形的紫水晶洞，就具有木、火、土的五行之性；又如白色的圓形水晶球，五行上則具有金、土的五行之性。

瞭解及歸類物品的五行屬性，可以幫助我們調理居家風水五行能量的太過與不足。在物品的五行辨識上，主要以材質的五行屬性為主，次為顏色與形狀的五行屬性。

以下筆者就居家物品的五行，按木、火、土、金、水，舉簡單的例子說明，讀者可舉一反三。

室內植栽的五行屬木

實木書櫃和書籍的五行屬木

陶製聚寶盆及礦石的五行屬土

火爐的五行屬火

陶製茶壺的五行屬土，數目五又為河圖先天土數，能助旺八白土星，亦有五福臨門的寓意

馬形鹽燈的五行屬火和土

錢幣的五行屬金

魚缸的五行屬水

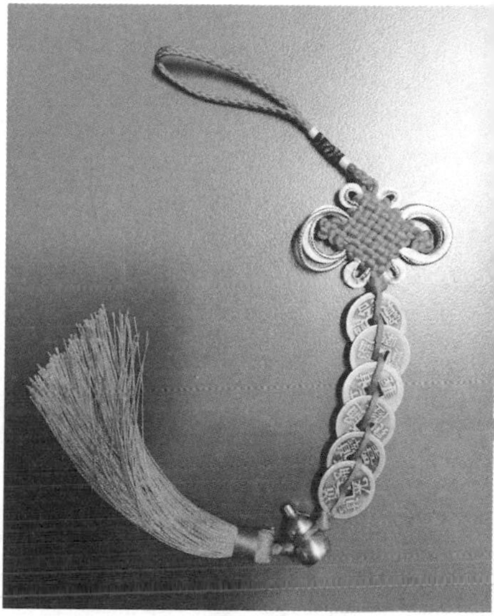

六帝錢的五行屬金

五色水晶蛋，兼具五行，水晶顏色按木火土金水排列，具有五行相生的寓意

黑色流水盆的五行屬水

因此，若能充份認識家中物品的五行屬性，就能藉以調整居家五行的能量。筆者整理出「五行屬性對照表」，以供參考。

五行屬性對照表

五行	木	火	土	金	水
材質	原木、植栽	火爐、燭台	陶器、花瓶、茶壺	金屬製品、獎盃、銅器	流水盆、魚缸
顏色	綠色	紅色	黃色	白色	黑色
形狀	長方形	三角形	正方形	半圓形	波浪不規則形
數目	三或八	二或七	五或十	四或九	一或六
方位	東、東南	南	西南、東北、中央	西、西北	北
生旺物(母)	水	木	火	土	金
洩氣物(子)	火	土	金	水	木
被剋物	金	水	木	火	土
增強力量生肖圖騰	兔	馬	牛、龍 羊、狗	猴、雞	豬、鼠
削弱力量生肖圖騰	1.猴、雞 一被剋物 2.馬 一洩氣物	1.豬、鼠 一被剋物 2.牛、龍、羊、狗 一洩氣物	1.兔 一被剋物 2.猴、雞 一洩氣物	1.馬 一被剋物 2.豬、鼠 一洩氣物	1.牛、龍 羊、狗 一被剋物 2.兔 一洩氣物

居家風水的調理佈局，其實就是五行相生相剋的道理，補不足而損有餘。把居家的能量調理平衡，就可以安定磁場。而且要把握「**同聲相應，同氣相求**」的原則，如什麼是屬於木系列相關材質、顏色、形狀、數目，整合出一個系列的概念，常常運用，自可熟能生巧。

居家風水佈局最重要的是，要考慮擺設物品材質的五行屬性，材質所產生的能量影響最大，其次才考慮物品的顏色、形狀、數目等。然而，物品本身的意境及是否精良雅致也很重要，因其會產生心理暗示的緣故。

此外，十二生肖也可歸入不同的五行，如果要增旺哪一個元素的五行，就可以懸掛相對應的生肖圖騰或工藝品物件。但是，虎和蛇屬於猛獸毒物，不適合放在家中，以免破壞和諧的氣場。

在運用十二生肖的圖騰物做能量增減時，要注意的是材質，譬如要增強西方的能量，擺放銅製品的雞，會比木製或陶土材質的雞效果好，因為銅製品屬金，金屬西方的緣故。

五行與生肖的對應

五行	對應十二生肖
木	虎、兔
火	蛇、馬
土	牛、龍、羊、狗
金	猴、雞
水	豬、鼠

以銅雞增強西方的能量

四、以五行調理房宅的缺角及凸角

從上一節的內容中，讀者已經瞭解如何辨識家中物品的五行屬性，接下來就要瞭解，如何善用這些物品的五行屬性，調理居家風水能量，達到補虛洩實的功用。

本節要介紹如何運用不同五行材質的物品，將房宅缺角或凸角不平衡的氣場能量，做適當的調節。

房宅的設計，最好是方正或長方形，才不會形成缺角房或凸角房，對家中成員產生不良影響。

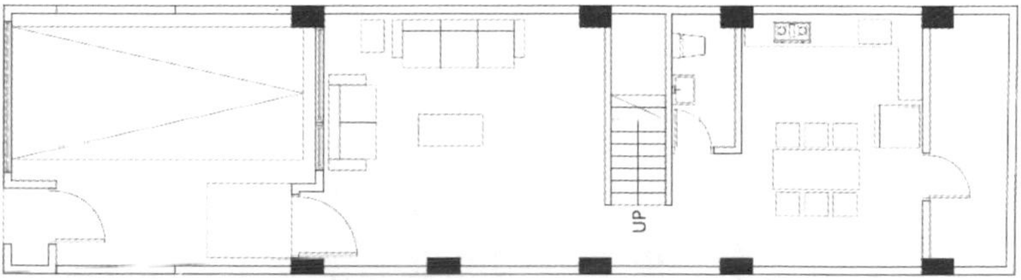

格局長方無缺角的設計

鋸齒狀的房型，會產生許多缺角，而造成氣場的不平衡

凸角房和缺角房對家中成員的影響意義不同，簡單地說，凸角代表過度，缺角代表欠缺不足，不管是在對應成員的健康或人格特質上，都會產生影響。先將房子的平面圖，去掉陽台、花台後，畫成均等的九宮格。一般而言，宮位的缺角或凸角只要超過三分之一，就可視為缺角房或凸角房。

有些坊間的風水書籍，會將房宅的缺角或凸角，直接論斷為會影響該宮位所對應的家庭成員。但這樣的論法，筆者認為太過武斷而不夠精確。一般而言，巒頭要加上理氣才會發凶。如果宅中在該宮位有超過三分之一的缺角或凸角，且在該宮位對外窗的小太極飛星組合上，又是退運的山向星，再加上該宮位的對外窗又可見到外煞，才容易產生凶應。

清朝蔣大鴻先生在《天元五歌．論陽宅》提到：「**更有風門通八氣，牆空屋闕皆難避，若遇祥風福頓增，若遇煞風殃立至**」，陽宅的外氣，雖然由大門或主要納氣口而入，但窗戶、玻璃拉門、鏤空的牆面……等「空缺」之處，外氣也能由此而進到屋宅。因此，所納入的外氣若是吉氣，則「若遇祥風福頓增」；而所納入的外氣若是凶氣，則「若遇煞風殃立至」。

那要如何知道所納入的氣，為吉氣或是凶氣呢？首先是觀察外巒頭的美惡，若是外巒頭醜惡，如宅外鄰近天斬煞、剪刀煞……等煞氣，則所納入的氣肯定不佳；其次是推算理氣格局，如果該宮位對外門窗的小太極飛星組合為退運山向星，在該年又有流年凶煞之星加臨，凶應則更明顯。因此，筆者在下文中所論及到的缺角房或凸角房凶應，都是以此為前提之下所論述的，以下不再贅述。

讀者可先從以下的表格，對於宮位與家中成員、相關臟器的對應，先有個初步的概念，其後筆者會提出宮位缺角與凸角的對應之法。

八卦方位與家中成員及對應臟器檢索表

方位	卦位	陰陽	五行	家中成員	對應臟器
西北	乾	陽	金	父親	肺、喉嚨、鼻、頭、大腸
西南	坤	陰	土	母親	腹、脾胃
東方	震	陽	木	長男	肝、足、神經系統
北方	坎	陽	水	中男	腎、膀胱、耳朵
東北	艮	陽	土	少男	脾胃、手、鼻
東南	巽	陰	木	長女	膽、大腿
南方	離	陰	火	中女	心臟、血液、眼睛、頭
西方	兌	陰	金	少女	肺、口腔、喉嚨、鼻

東南－4 (巽卦、長女)	南方－9 (離卦、中女)	西南－2 (坤卦、母親)
東方－3 (震卦、長男)	中宮－5	西方－7 (兌卦、少女)
東北－8 (艮卦、少男)	北方－1 (坎卦、中男)	西北－6 (乾卦、父親)

一般而言，缺角房代表所對應到該宮位的家中成員，在相對應的身體臟腑系統較為虛弱。除了會影響對應該宮位的家中成員外，與該八卦方位對應的生肖成員，也會受到影響。

如西北方乾宮出現缺角的話，查看以上表格，得知西北方乾宮，對應家中的父親。在此缺角的影響之下，家中父親容易有肺、喉嚨、鼻、頭、大腸等問題。除了父親受影響外，家中如果有屬狗和屬豬的成員，在肺、喉嚨、鼻、頭、大腸等方面也會受影響，這是由於西北方乾宮中，包括了地支中的戌和亥，而戌和亥所對應到的生肖是狗和豬。

若西南方坤宮有缺角，會影響家中的母親。在此缺角的影響之下，母親容易有腹部和脾胃等問題。除了母親受影響外，家中如果有屬羊和屬猴的成員，在腹部和脾胃等方面也會受影響，這是由於西南方坤宮中，包括了地支中的未和申，而未和申所對應到的生肖是羊和猴。

若東方震宮有缺角，會影響家中的長男，特別是三十一到四十五歲的男性，容易有肝、足、神經系統等問題。除了長男受影響外，家中如果有屬兔的成員，在肝、足、神經系統方面也會受影響，這是由於東方震宮中，包括了地支中的卯，而卯所對應到的生肖是兔。

若北方坎宮有缺角，會影響家中的次男（中男），特別是十六歲到三十歲的男性，容易有腎、膀胱、耳朵等問題。除了次男（中男）受影響外，家中如果有屬鼠的成員，在腎、膀胱、耳朵方面也會受影響，這是由於北方坎宮中，包括了地支中的子，而子所對應到的生肖是鼠。

若東北方艮宮有缺角，會影響家中的少男，特別是十五歲以下的男孩，容易有脾胃、手、鼻等問題。除了少男受影響外，家中如果有屬牛和屬虎的成員，在脾胃、手、鼻方面也會受影響，這是由於東北方艮宮中，包括了地支中的丑和寅，而丑和寅所對應到的生肖是牛和虎。

若東南方巽宮有缺角，會影響家中的長女，特別是三十一到四十五歲的女性，容易有膽、大腿等問題。除了長女受影響外，家中如果有屬龍和屬蛇的成員，在膽、大腿方面也會受影響，這是由於東南方巽宮中，包括了地支中的辰和巳，而辰和巳所對應到的生肖是龍和蛇。

若南方離宮有缺角，會影響家中的次女（中女），特別是十六歲到三十歲的女性，容易有心臟、血液、眼睛、頭部等問題。除了次女（中女）受影響外，家中如果有屬馬的成員，在心臟、血液、眼睛、頭部方面也會受影響，這是由於南方離宮中，包括了地支中的午，而午所對應到的生肖是馬。

若西方兌宮有缺角，會影響家中的少女，特別是十五歲以下的女孩，容易有肺、口腔、喉嚨、鼻等問題。除了少女受影響外，家中如果有屬雞的成員，在肺、口腔、喉嚨、鼻方面也會受影響，這是由於西方兌宮中，包括了地支中的酉，而酉所對應到的生肖是雞。

若是缺角房的話，相對應的家中成員，除了身體對應臟腑器官較為虛弱外，也代表容易往外跑，不喜歡待在家。

沒有待在家的原因有很多，不一定就會發生什麼事故，但以現象面而言，家人就容易聚少離多。譬如乾宮有缺角，有可能先生需要長期在外地工作，或夫妻離異；震宮缺角，有可能長子出國讀書或移民；巽宮缺角，有可能是長女出嫁。但當然也不能排除有發生事故，或有疾病的可能。

若家中有大缺角，就會影響到相對應的成員，如果此人的運氣較好，會因為各種原因而離開這間房宅。由於這間房宅的磁場對其不利，該家中成員就會不自覺地搬離這個家，或很少回來。一般而言，在這種缺角的情況下，還能留在家中的，通常是因為該成員的身體健康不佳或運勢低弱，剛好與此磁場契合。

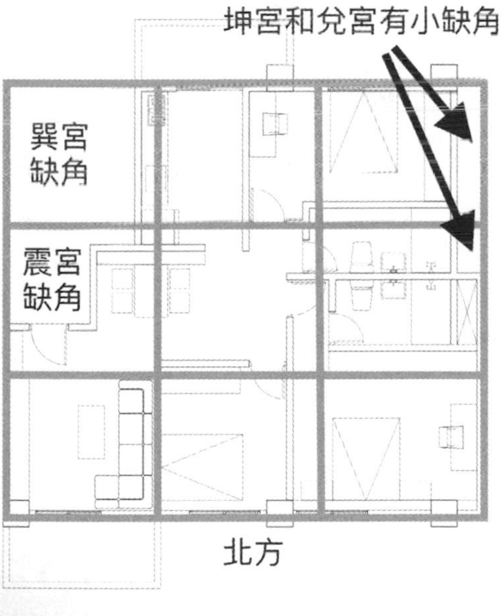

巽宮和震宮的缺角較大，分別影響長女和長男。坤宮和兌宮雖有小缺角，但影響不大

若是凸角房的話，相對應的家中成員身體容易長增生物，如脂肪瘤或腫瘤，脾氣也容易暴躁、孤傲，人際關係不佳。

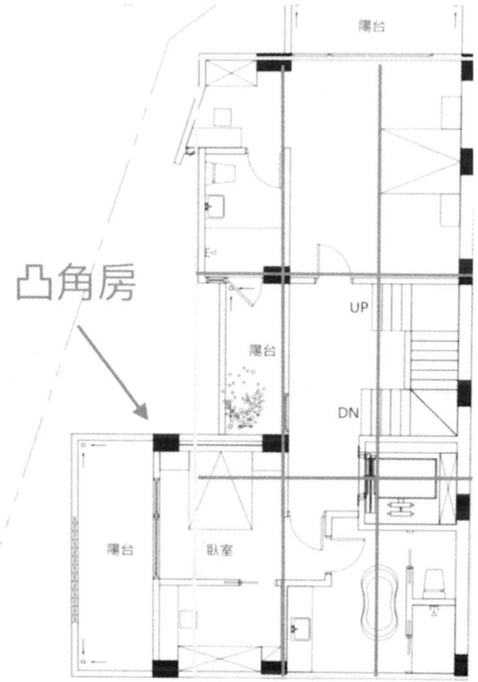

以中醫的觀點來看，缺角房和凸角房是虛證和實證的問題，缺角房是虛證，凸角房是實證。

中醫理論提到：「**虛則補其母，實則洩其子**」，可以運用五行的相生系統補虛洩實，即補不足而損有餘。

居家風水對缺角房的調理，可用五行相生關係中，「**虛則補其母**」的原理，做能量的增補。舉例而言，東方震宮有缺角，東方屬木，在五行中什麼能生木呢？水能生木。可擺放與水相關的材質、顏色、形狀之物，都對木能有所幫助。如放魚缸、水生植物、黑色波浪形的物品……等等。以水來補木的不足，即「虛則補其母」的五行運用。

也可以在東方震宮擺放盆栽，木也能旺木。或是擺設兔子的圖騰工藝品，因為兔子在十二地支裡屬卯，卯屬東方。用同樣屬木的物品，以補木的不足，這是一個「相比和」的概念。

讀者需要注意的是，在居家風水中佈下「動水局」，是一門很講究的學問，必須要考慮該方位是否適合設置流動的「真水」。這個部分在前文論述路沖是否可以用水牆、水池擋煞時，就已提及必須要考慮飛星盤的山向星。若是不適合設置流動的「真水」，可用上述的其他方法代替即可。

增補缺角房的能量，可用「虛則補其母」或「比和」的方式。然而，凸角房就不能以上述之法調理，而是要以「實則洩其子」的「洩法」來處理。如震宮有凸角，就要思考這是木太過，五行相生的關係中，木生火，火能洩木。可用火象物品，如火爐或紅地毯洩過度的木氣。

此外，也可以用相剋的方式處理，東方屬木，木太過，可以金剋木。十二地支裡，屬金的生肖是猴和雞，尤其是雞的方位在酉位，屬於正西方，剛好可以用來對治正東方的問題。因此，東方有凸角，可擺放雞的圖騰或銅雞擺件以剋之。

其他方位的缺角房和凸角房的處理方式，以上述五行生剋的對應方式類推。

透過以上的說明，讀者就可瞭解五行的生剋之法，再結合對家中物品五行屬性的認識後，套入以上補虛洩實的原則，就能將家中物品擺放在適當的位置，對家中的磁場能量，進行五行生剋的平衡調理。

五、以五行調理不吉的飛星組合

前文提到如何辨識居家物品的五行，及如何應用這些物品，以調理居家缺角或凸角的不平衡氣場。以下則介紹如何運用五行之法，以調節居家不良的理氣格局。

在調理不吉的飛星組合上，要將相剋的飛星組合，變成可以通關的相生組合，或用洩法來洩掉煞氣。在調理凶星時，不使用剋法，以免越剋越凶。

需要注意的是論斷吉凶時，主要取決於飛星的當令或不當令。同一組飛星組合，以理氣而言，當令時要以吉來論，而退運失令時，則要以凶來論，這是「憑星斷事」的關鍵祕訣。

此外，要知道的是，不是不吉的飛星組合就一定會發凶。如果家中的理氣格局，目前是「旺山旺向」的旺宅，且與外巒頭砂水相應，就能「**一貴當權，諸凶懾服**」，不佳的飛星組合，在這當運期間基本上不發凶，因為被旺氣壓制住的緣故。但當旺宅已經退運，如八運的旺宅，到了九運就會退運，這些不吉的飛星組合，就可能會開始發凶。有興趣深入研究理氣格局的讀者，可以參照筆者的著作《學玄空飛星風水，一本就上手》，可對包含「旺山旺向」在內的各種理氣格局有所認識。

如果理氣雖然不佳，但內外格局良好，屋外山巒秀美，水質清澈，沒有天斬煞、壁刀煞、剪刀煞或尖角沖射……等煞氣，則不一定會發凶。

只有壞巒頭再加上壞理氣才會發凶，必須要做化解。如果壞巒頭加上壞理氣，又遇到「歲破方」、「三煞方」、流年二黑五黃星加臨，該方再動土，那真是凶險異常，必須立即做化解。

需要調理不吉的飛星組合宮位，通常是家中較重要的區域，如主要納氣口（大門口處或最大的採光面落地窗拉門處）、主臥室及廚房。如果在不重要的地方，如娛樂室、儲藏室、客房、車庫、廁所等，就不一定需要處理。處理的方法，有「洩法」及「相生通關法」，以下介紹如何運用。

1. 洩法：

「洩法」即「**實則洩其子**」的五行運用，《紫白訣》云：「**交劍煞與多劫掠**」，「交劍煞」指67同宮，是退運的六白金星和七赤金星的飛星組合。金氣殺伐之氣過旺，以水洩之，因為五行中金會生水，以「**實則洩其子**」的方式，用水來洩金煞。可在該宮位擺放水缸，以水來洩金氣，也可以用黑色物品或豬鼠的圖騰工藝品做化解。讀者要注意的是，由於「交劍煞」是煞氣，煞方宜靜不宜動，所以只能用靜水，不能用「動水」如流水盆、噴水池……等，以免鼓動煞氣。

再舉一個例子，《紫白訣》云：「**二五交加，罹死亡並生疾病**」，此為25的退運飛星組合，對家人的健康極為不利。二黑土星和五黃土星都是土煞，五行關係中土生金，金性物品可以洩過量的土煞，所以可用六帝錢、六個銅幣、銅鑼、金屬物品做化解。

2. 相生通關法：

「相生通關法」是指讓原本五行相剋的飛星組合，加入另一個五行的元素後，可以變成相生的狀況。《飛星賦》提到：「**豫擬食停**」，豫卦為雷地豫卦，是32的退運飛星組合，在健康方面，容易產生食積的症狀。

《紫白訣》中也提到：「**鬥牛煞起惹官刑**」，「鬥牛煞」為23或32的組合，2為坤土，3為震木，木會剋土。如果在臥房的門口，有「鬥牛煞」23或32的退運飛星組合，可以在臥房門口處，加入火的元素，如擺放紫水晶洞、紅辣椒飾品、紅地毯……等物品。因為在五行中木生火，火又生土，就形成了相生的格局。然而，房間還是有其不良的理氣格局，化解只是將問題降低減少。如果可以的話，還是搬到理氣較好的房間，把這間有「鬥牛煞」理氣及會產生食積症狀的房間，當成是儲物室或客房使用。

如果房門口是37的退運飛星組合，《紫白訣》云：「**三遇七臨生病，那知病癒遭官**」，37的退運飛星組合，3為木，7為金，金剋木。以山星3而言，向星7為「剋入」的關係。山星被剋，容易導致疾病、官非的發生，或有意外血光之災，要以水來通關化解。可用水象物品，如波浪形、黑色水盆等物品做化解。以水通關，形成金生水，水生木的相生格局。前文已提及煞方宜靜不宜動，所以只能用靜水，不能用「動水」如流水盆、噴水池……等，以免鼓動煞氣。

黑色圓盤的圓形屬金，黑色屬水，有金生水之意，可以做為金剋木的通關物

再舉一個例子說明，如果房門口是97的退運飛星組合，《紫白訣》云：「**九七合轍，常遭回祿之災**」，七是先天火數，九為後天火星，提示著97同宮且退運時，容易發生火災。七在後天洛書屬兌，五行為金，所以97的退運飛星組合，是火剋金的格局。要以土來通關，形成火生土，土生金的相生關係。可在房門口擺放一些土象物品，如茶壺、陶器……等做化解。

此外，《玄機賦》中提到：「**火照天門，必當吐血**」，火為9，天門為乾，數字為6，五行為金。這是69的退運飛星組合，也是火剋金的組合，一樣要以土來通關。

茶壺是土象物，也有福的寓意，可做為火剋金的通關物

捌

風水疾病的綜合診斷與複合式療法

風水疾病的綜合診斷與複合式療法

居家風水格局會對人的生理和心理產生影響，透過好的風水佈局，可以調整陰陽五行失衡的磁場，也可以調整由於格局不良所造成的煞氣問題。

中醫治病，是在為身體做調節。同樣地，居家風水的調整，是運用陰陽五行為房宅的體質做調整。中醫講「補虛洩實」，不足的要補，太過或堵住的要洩要通。居家風水也是如此，唯有先瞭解房宅的內外巒頭與理氣格局，才有辦法進行「補虛洩實」的調節。

中醫在治療疾病進行補虛洩實之前，必須要先做出診斷，而中醫診斷的方法就是「中醫四診」，即「望、聞、問、切」。

中醫學提到「藏象學說」，即指患者的臟腑有病，會顯現在面相或身體外觀上。同樣地，也會呈現在舌象和脈象上。因此，「望、聞、問、切」四診合參的目的，是在各方面綜合分析患者的疾病，才做出診斷的結論，如此的診斷才具有可靠性。

唯有透過整體的綜合分析後，才能做出精確的診斷結論，也才可開立正確的處方。在望、聞、問、切的過程中，先用望法：即觀察患者的外部表現，如舌象、氣色、精神狀況、走路姿態、疼痛部分是否紅腫……等。再用聞法：包括用鼻子聞及用耳朵聽，患者身上是否有散發某種病氣的氣味，如是否有口臭上火……等症狀；及藉由患者說話語調高低強弱的狀況，判斷是否有中氣不足……等症狀。再用問法：問清楚疾病發生的原因及症狀表現。最後用切法：切指的是除了把脈之外，也包括身體的觸診，如按壓患者肚子，是按了更痛，還是按了疼痛較為緩解……等。經過詳細的診斷後，才能夠得到一個病情的結論，並下處方，及預測疾病的後續是否容易好轉。

因此，不能僅憑看到單一的表象症狀就驟下結論，以避免造成誤診。

居家風水堪輿，風水師即是房宅的醫生，要為房宅做體質的檢測與調理。居家風水的「四診合參」，和中醫「四診合參」的概念大同小異。藉由風水師對居家風水「四診合參」，分析判斷這間房宅在丁、財、貴、壽等方面，是否是一間可帶來丁財兩旺的旺宅，還是一間充滿煞氣而財去人散的衰宅。

以下就來探討居家風水的「四診合參」，這種中醫與風水的結合論法，筆者尚未見到其他風水前輩提出相同的說法，在此僅是拋磚引玉，分享筆者個人的體悟。

一、風水疾病的四診合參

本書的重點，著重在風水與疾病的分析及預測。因此，以下居家風水「四診合參」的重點，是針對風水煞氣所導致的風水疾病，及意外血光發生的部分做分析，而不著墨於財運及事業前途……等其他方面。

此外，本節所提到的風水診法，雖然有五種，但前四種是屬於風水師可用感官感知所做的判斷，就如同醫者可用感官感知所做的判斷一樣。最後一種是屬於不可用感官感知的「風水理氣診法」，與其他前四種診法的性質不同，但為方便說明起見，仍採用「四診合參」一詞。

1. 風水望診

「風水望診」是風水堪輿上，最重要及應用最廣的診斷法。居家風水中，凡是眼睛可以看得到的所有屋宅內外情況，即內外巒頭格局，都是屬於風水望診的範疇。

在檢視外巒頭時，要觀察山巒、河流、道路和鄰近大樓的分布，有無河流或道路反弓、路沖、剪刀煞……等煞氣。用四靈山訣判斷四周環境，是否符合比例原則，周圍山水是否為有情山水，山水的走向如何。並分析左青龍、右白虎、前朱雀、後玄武的地勢，是否能藏風納氣，與是否會影響家人的身心狀況。分析判斷外在砂水是否「有情」於「我」的這間房宅，是檢視的重點。

此外，也要觀察屋宅周圍是否有嫌惡設施，如公墓、垃圾場……等等。也需觀察外煞的顏色，如紅色或黑色的屋脊煞、尖角煞……等等，因為不同的顏色所引發的疾病問題不同。也需觀察煞氣的遠近及輕重程度，及煞氣所影響到的區域，是在房宅的主要納氣口或個別區域，如廚房或房間……等等。若煞氣是在房宅的主要納氣口，代表全家人都受影響；若在個人的房間對外窗見到煞氣，則主要影響住在該房的成員。

內巒頭(內格局)的觀察中，則要檢視是否有穿堂風、灶包廁、壁癌、壓樑、壁刀、梯刀……等會影響健康的煞氣。以及瞭解大門、廚房、廁所、樓梯、樑柱及房間的分布位置……等等。

對於這些煞氣導致的疾病或意外血光問題，及化解之法，在本書第參篇已有詳細說明，請讀者自行參照。

2. 風水聞診

「風水聞診」的「聞診」，不只包括用鼻子聞，還需要用耳朵聽。要聞聞看房宅內外是否有「味煞」，是否有任何臭味、異味、腥味由室外傳入宅內；家中是否使用開放式鞋櫃而散發出臭味；是否有貯存不當的醃製食品，導致酸腐味四溢；廚房是否乾淨，有無酸敗食物的異味；廁所是否清潔乾淨，有無散發穢氣及濕氣的味道；家具是否有甲醛味……等等。這些味煞無孔不入，對身體健康的影響巨大，必須做好妥善處理。

而用耳朵聽的部分，要注意房宅外是否有惱人的聲煞，如隔壁工廠機器的運轉轟鳴聲、工地動工而整天震天價響、大樓凹風煞的風聲……等噪音，持續的高分貝的噪音，不但會影響聽力，也會讓人頭痛耳鳴，引起腦神經衰弱。

也要聽聽看是否有室內「聲煞」，如魚缸或流水盆馬達幫浦的聲響噪音、叮叮作響的風鈴聲、大壁鐘滴滴答答且整點時會發出報時巨響，都容易造成腦神經衰弱。

3 風水問診

「風水問診」的重點，即要問清楚是什麼成員住在其中。如果不知道宅中居住的成員是誰，是大人、小孩、老人，還是什麼身分的人，而妄下斷語，就可能會出錯。居家風水堪輿，要掌握「以人為本」的重點，要先瞭解是什麼成員居住在其中，才能夠加以判斷理氣吉凶，以及選擇適合該居住成員的風水斷語。

如83或84的退運飛星組合，如果落在幼兒的房間，再加上外巒頭不佳，就要斷定為不利幼兒健康，三歲以下的幼兒逢流年不利時，恐有性命之憂，如《紫白訣》云：「**四綠固號文昌，然八會四而小口殞生，三八之逢更惡**」。而大人也可能會發生意外血光之災，《玄機賦》提到：「**艮非宜也，筋傷股折**」。

因此，居家風水強調「以人為本」，不同的人居住在其中，就要使用不同的斷語，即使所使用的斷語相同，也可能要做出不同的解讀。

此外，若宅中之人罹患疾病，也要問清楚是之前就罹患該種疾病，或是搬進來這間房宅之後才產生的。

4. 風水切診

中醫的切診包括診脈及身體的觸診，而居家風水的「風水切診」是指「風水觸診」，是透過風水師在這個風水環境中的接觸感受，靜下心開啟自己的身心感官，去感受到該環境磁場的吉凶，是否有令人想待在其中的舒適感。也需感受屋宅內是否有陰盛陽衰的陰寒之氣、或陽氣過盛的燥熱之氣、或濕氣過重……等陰陽失衡的狀況。

此外，也要感受從門窗進來的外氣，是和風徐徐，還是強風、疾風、寒風颼颼。甚至也要感受宅內是否有無形界的陰煞，讓人感到陰氣森森。

5. 風水理氣診法

風水吉凶的診法，除了可用感官感知的部分外，也包括了需要進行推算理氣吉凶的部分。重點在分析主要納氣口山星和向星的組合意義，及向星是否是旺星。此外，也要分析廚房與各房間的飛星組合，理氣的吉凶如何，這是屬於大太極的部分。

察看宅飛星盤，是否有上山下水、伏吟反吟、空亡卦、令星入囚、向首入囚……等不利家運，及影響健康的理氣格局。有興趣深入研究理氣格局的讀者，可以參照筆者的著作《學玄空飛星風水，一本就上手》，可更深入地認識這些理氣格局。

並以大太極的飛星組合，套入每個房間的小太極中做檢視，即以宅飛星盤套入每個房間。重點為房間對外窗、臥室門口及床鋪的飛星組合，藉以判斷該房間理氣的吉凶，是否有會引發疾病及意外血光的不良理氣格局。

在理氣的範疇中，包括檢視宅外的八卦延伸方位，是否見到任何高聳閉塞、陷落損傷、形態醜惡破碎的外巒頭景象。如《玄空祕旨》云：「**坎宮高塞而耳聾，離位摧殘而目瞽**」，在這些區域所對應的宮位中，如果該宮位是退運山星，會較容易產生凶應。

在室內八卦方位的對應上，則要觀察是否有缺角房或凸角房的格局。也要檢視與八卦方位對應的室內區域，是否有雜物橫生造成氣場凝滯不通的狀況。不同八卦方位的缺角及凸角問題，及雜物橫生的狀況，會影響家中對應的成員及其身體健康的狀況。

如果這些區域的宮位是退運山星，或該房間小太極的對外窗是退運山星的話，就較容易產生健康上的凶應。讀者可以藉由以下圖表，檢視家中的八卦方位，和家中成員及身體部位或臟器的對應關係。

八卦方位與家中成員及對應臟器檢索表

方位	卦位	陰陽	五行	家中成員	對應臟器
西北	乾	陽	金	父親	肺、喉嚨、鼻、頭、大腸
西南	坤	陰	土	母親	腹、脾胃
東方	震	陽	木	長男	肝、足、神經系統
北方	坎	陽	水	中男	腎、膀胱、耳朵
東北	艮	陽	土	少男	脾胃、手、鼻
東南	巽	陰	木	長女	膽、大腿
南方	離	陰	火	中女	心臟、血液、眼睛、頭
西方	兌	陰	金	少女	肺、口腔、喉嚨、鼻

此外，分析家中是否有物品擺設不當，如將紫水晶洞擺在二黑五黃位。紫水晶洞的五行屬火和土，會增強二黑五黃星的土煞。若將流水盆或魚缸擺放在中宮，中宮五行為土，家人會有腸胃疾病……等問題。

此外，要留意當流年二黑、五黃星加臨時，對該宮位所產生的疾病及意外血光的影響。因此，也須檢視家中流年二黑、五黃星的方位，在該年落於哪個宮位，該宮位所對應的宅外方位，是否有動土或鄰居尖角沖射……等煞氣。以下的「九宮飛星流年方位圖表」，可供讀者對照檢視家中流年二黑、五黃星的方位。讀者只要拿出羅盤或指南針，找出家中對應的八個大方位即可。

九宮飛星流年方位圖表

2020、2029、2038		
六白金	二黑土	四綠木
五黃土	七赤金	九紫火
一白水	三碧木	八白土

2021、2030、2039		
五黃土	一白水	三碧木
四綠木	六白金	八白土
九紫火	二黑土	七赤金

2022、2031、2040		
四綠木	九紫火	二黑土
三碧木	五黃土	七赤金
八白土	一白水	六白金

2023、2032、2041		
三碧木	八白土	一白水
二黑土	四綠木	六白金
七赤金	九紫火	五黃土

2024、2033、2042		
二黑土	七赤金	九紫火
一白水	三碧木	五黃土
六白金	八白土	四綠木

2025、2034、2043		
一白水	六白金	八白土
九紫火	二黑土	四綠木
五黃土	七赤金	三碧木

2026、2035、2044		
九紫火	五黃土	七赤金
八白土	一白水	三碧木
四綠木	六白金	二黑土

2027、2036、2045		
八白土	四綠木	六白金
七赤金	九紫火	二黑土
三碧木	五黃土	一白水

2028、2037、2046		
七赤金	三碧木	五黃土
六白金	八白土	一白水
二黑土	四綠木	九紫火

透過風水四診及理氣推算後的綜合判斷，所得出的結論，才能較為精確，不會過於武斷。在下一節中，筆者會說明在整合這些資訊後，如何做出綜合判斷。

二、風水疾病的相不單論

不管是論人的面相、手相，或是論風水吉凶時，都會強調「相不單論」。風水上所說的「相不單論」，即指不能只看到一個表象或某種煞氣，就驟然斷定會發生何事，必須經由完整的風水四診合參及理氣推算後，才能加以分析判斷，得出最終的結論。

譬如內外巒頭不佳，雖然理氣吉，也不會應吉，只是暫時不發凶；若內外巒頭俱佳，理氣雖有凶，也不至於太凶；但如果外巒頭醜惡又有尖角冲射，結合上壞理氣，就會產生凶應。如果不好的理氣落在較不重要的區域，並不會有太大的影響；但若是位在房宅的主要納氣口、臥室門口或臥室對外窗的宮位，影響就很大。因此，不能單看巒頭或理氣，就做出絕對吉凶的判斷。

那麼在實際的居家風水堪輿操作中，如何能夠體現「相不單論」呢？筆者舉以下例子說明，透過各種收集到的證據，最終判斷宅母會罹患腸胃疾病的思路。

假設房宅西南方坤宮的房間為缺角房，且該房間對外窗見到「蜈蚣煞」的例子做分析。西南方坤宮對應到家中的母親，在此缺角的影響之下，母親就容易有腹部和脾胃問題，且該宮位又見到會影響腸胃功能的「蜈蚣煞」。若在該房間又擺放水族箱或流水盆等帶水材質的物品，就更容易導致母親的腸胃失調。這是由於西南方坤宮的五行屬土，若擺放水族箱或流水盆等帶水材質的物品，會導致水土不服的緣故。

假如母親就住在這個房間，床鋪上有吊燈壓床，正好壓到床鋪的正中部位，大約是位在人的腸胃位置，且套房內臥室的廁所馬桶，正好與床鋪的中段相對，當然更容易造成母親的腸胃失調。

若是再加上這個房間的理氣不佳，出現了不利腸胃健康的飛星組合，如25的退運飛星組合，《紫白訣》云：「**二五交加，罹死亡並生疾病**」；或是21的退運飛星組合，提示著會有腹脹的症狀，《玄空祕旨》云：「**腹多水而膨脹**」；或是24的退運飛星組合，提示著會有肝鬱剋脾的症狀，《玄機賦》云：「**風行地上，決定傷脾**」；或是27的退運飛星組合，提示著會有泄痢拉肚子的症狀，《飛星賦》提到：「**臨云泄痢**」；或是32的退運飛星組合，提示著會有食積的症狀，《飛星賦》云：「**豫擬食停**」。

以上所收集到的證據分析如下：

1. 西南方坤宮為缺角房。
2. 西南方坤宮見到影響腸胃功能的「蜈蚣煞」。
3. 西南方坤宮擺放水族箱或流水盆等帶水材質的物品。
4. 母親住在西南方坤宮。
5. 臥室吊燈壓在床鋪的中段。
6. 臥室內的廁所馬桶沖射到床鋪的中段。
7. 西南方坤宮，出現影響腸胃功能的不良理氣格局，如25、21、24、27、32等退運飛星組合。

以上無論是從宮位缺角、所見的外煞、五行物品的擺設錯誤、母親住在西南方坤宮、房間內的煞氣影響腸胃、該宮位內有影響腸胃功能的不良理氣格局，所有的證據，都指向住在這個房間內的母親，會有脾胃消化系統的問題。證據越多，當然產生凶應的機會越大，論斷自然會更準確。

又如每年的流年飛星加臨時，對該宮位的山星和向星，會產生整體及交互的影響，需要做具體分析。

筆者以流年六白金星飛入大門口32退運飛星組合的宮位時，與山星所產生的交互影響的例子做說明。山星與人丁健康有關，3為震，為長男，五行屬木；而六白金星屬金，金剋木，為流年飛星6剋山星3的36退運飛星組合。在健康的影響上，《玄空祕旨》云：「**足以金而蹣跚**」，代表腳易有外傷。《祕本》也提到：「**三逢六患在長男**」，36的飛星組合失運時，不利於長男的健康。

不過，這個部分只能當成輔助參考，判斷時還需要有更多的證據支持，所謂「**相不單論**」。以上例而言，除了在大門口山星3的宮位，遭流年飛星6剋入外；如果在長男的臥室宮位或東方震宮，也出現了不利健康的飛星組合，如25的退運飛星組合；加上長男臥室所見到的外巒頭不佳時，如對外窗可見到剪刀煞、反弓煞……等煞氣；再加上長男臥室內出現不利健康的煞氣，如廁所馬桶沖射到床鋪的尾段、或床尾被牆壁刀切到……等室內煞氣。如此，就可以斷定長男的健康肯定出問題，甚至健康的問題是出現在腳疾。收集的證據越完整，「憑星斷事」才會更精確，這是很重要的關鍵。不能僅看到單一的問題就立刻做出論斷，可能會失真或太過武斷。

以上所收集到的證據分析如下：

1. 大門口退運山星遭流年飛星所剋，在該年容易影響全家人的健康。而36的退運飛星組合，也提示著容易產生腳疾與不利長男的健康。
2. 長男臥室或東方震宮出現不利健康的理氣組合，如25的退運飛星組合。
3. 長男臥室的對外窗外，見到剪刀煞、反弓煞……等煞氣。
4. 長男臥室內出現不利健康的煞氣，如廁所馬桶沖射到床鋪的尾段、或壁刀切到床尾。

藉由大門口的飛星組合，除了可分析全家人的整體運勢、財運、健康外，透過不同的數字，也可分析相應的家庭成員的情況。如山星3，3為震卦，所代表的家庭成員就是長男。而3在山星的位置，即代表長男的健康，所謂「**山管人丁，水管財**」，山星與人丁的健康興旺有關。當流年六白金星加臨，形成36的退運飛星組合時，山星遭剋在健康方面的凶應，就會生病或發生意外血光之災，這也是代表家中長男，在該年會產生健康問題，或有意外血光之災。

若是長男所住的房間或震宮，出現不利健康的理氣組合，也會不利長男的健康。即使長男不住在震宮，但因為東方震宮代表長男，所以長男也會受此不良理氣的影響。再加上長男的臥室內外所見的煞氣，均不利其健康，透過種種明確的證據，方可推論該年中，家中長男容易有健康問題，特別要注意腳疾或腳受傷的意外血光之災。

又如要分析小孩子的健康狀況，我們可以檢視房宅的西方兌位，有沒有出現什麼問題，譬如是否有缺角，因為西方主要是影響到後代子女。

此外，也要看後陽台的狀況，因為後陽台代表後代子孫的舞台。如果後陽台雜亂不堪、或者是有冷氣機對切到窗戶、或是熱水爐的擺放不當，又或是面對其他的外煞，譬如面對巷沖、壁刀……等等，這些問題都會影響子女的健康。

還需檢視子女房內的床位擺設是否恰當，是否有樑壓床、廁所沖床，或是床頭後方就是廁所、廚房……等問題。此外，也要檢視子女房的理氣格局，是否有不利健康的理氣組合。以上的這些煞氣或不良的理氣格局，都會影響子女的健康。因此，結合這種種出現的外相證據，才來對子女的健康問題，做一個綜合的分析判斷，就可以如中醫望、聞、問、切般的準確。

以上的例子，都是在說明「相不單論」的原則及實際應用。風水師看到一個外相之後，會先產生一個直覺，在心中已經有個底，再加上其他種種外相的顯現，都指向同一個問題，那麼可信度及可論斷性就相對提高，有幾分證據說幾分話，才是一個專業負責的態度。

由上述可知，風水師即是房宅的醫生。首先進行一系列的觀察及發現問題，經綜合判斷後，診斷問題所在，再根據問題對症下藥，進行調理。

三、風水疾病的化解法

前文已提及許多會導致風水病的煞氣，及化解煞氣之法，在這一節中，會將這些化解之法，做一統整綜合性的說明。風水中的化解之法，有「遮、擋、化、鬥、避」這些方法可運用，能遮的遮、能擋的擋、有辦法化掉的就化掉，或用鬥法制衡。在無計可施時，最後就是避了。

在本節中，主要著重在化解居家內外環境煞氣及理氣的不良格局，所產生風水致病及激化意外血光之災的部分。

但在什麼情況下要採用什麼方法呢？以下是筆者個人的體會。

1. 遮法

「遮法」是在面對較輕微的煞氣時，只要採取遮蔽的方式，眼不見為淨就可化解。在這個層面的煞氣，是屬於影響心理層面的煞氣。遮住它，看不到就好。

如窗外面對的是狹窄的防火巷，既沒有遠景，空氣也不佳，最好是關上窗戶並拉上窗簾，眼不見為淨。又如面對棺材煞覺得很晦氣，也容易讓人疑神疑鬼，可封閉看到棺材煞的那面窗戶；或是保留窗戶，但在窗戶上黏貼霧面貼紙，這是透光而不露煞形的做法，仍可看見陽光，但不會看到煞氣的外形。又如面對反光煞的煞氣，刺眼的光線從對面大樓的玻璃幕牆反射過來，可以拉上窗簾，或在窗戶上黏貼霧面貼紙，以遮住反射的光線。以上的方法，都是「遮法」的實際運用。

居家風水中，很忌諱到處擺放雜物，一方面會影響動線，擋住動線，就是擋住財水。另一方面，到處都是雜物也是一種煞氣，必須將雜物放置到收納櫃中，或用布簾遮住以做區隔，眼不見為淨。

不要在房間懸掛衣服或假髮，以免造成「鬼衣煞」，可能會經常嚇到自己，而造成精神耗弱。這些物品要做好收納或遮蔽，需要使用時才拿出來。可以用一個不透明的拉簾遮住即可，因為被遮住了，眼睛的視線就不會被吸引，心念也不會受到影響。

又如鏡照床的問題，只要遮住鏡子，就能化掉煞氣。可設計移動式衣櫃拉門，以化解鏡照床的煞氣。

移動式的衣櫃拉門，可化解鏡照床的煞氣

風水上提到：「有形則有靈」、「有形則有煞」，為何有形則有靈？因為當我們見到該事物後，會與我們的潛意識連結而產生喜惡。所以為什麼會喜歡開門見佛呢？因為一開門就能感受到佛菩薩的慈悲庇護，心靈就會產生安定的力量，進而生發出歡喜之心。

而見到不好的事物，如進門見到樓梯的梯刀，在視覺的感受上，就覺得每天都被刀子切鋸，久而久之，意念會引動血光之災。因此，才需要「去形除相」，將這些醜惡的煞氣外相做一番修飾，將鋸齒狀的外形遮蔽遮擋，使其煞形不外露，眼不見為淨。

2. 擋法

面對到一些較強的煞氣，不是遮住就沒事了，因為煞氣的衝擊力還在，此時就必須用「擋法」。要使用比遮法更加進階的抵擋方式，如用防彈盾牌擋住子彈的射擊一般。

面對住宅對面的壁刀，強風沿著壁刀側吹襲過來，會讓自宅的磁場產生不穩定躁動的頻率波動，當然就會影響居住者的健康，或引發意外血光之災。因此，不僅是視覺上的壁刀，如刀子一般切過來，重點是強風也會沿著壁刀沖射自宅。可在屋前或陽台前種植植物以擋住強風，這就是「擋法」的運用。

種植圍籬樹牆，可擋住沖射自宅的風煞

又如面對反弓煞、剪刀煞或衰煞宮位的路沖，若不處理可能會造成家人的意外血光之災。若能放置寫上「泰山石敢當」的堅實厚重大石塊，再加上種植圍籬樹牆，萬一車輛失速撞了上來，也較能抵擋衝擊，將車禍的傷害降低，這也是「擋法」的運用。

種植圍籬樹牆以抵擋路沖

在居家風水中，如果有噪音的聲煞，可裝設氣密窗以阻絕噪音。屋外如果緊鄰菜市場、垃圾場，則異味、臭味、腥味的味煞會傳入家中，這些味道會讓人頭暈腦脹，必須要緊閉門窗以擋住味煞。又如臥室廁所沖床，可在廁所門上加裝門簾，以擋住廁所的穢氣和濕氣。以上的這些方法，就是「擋法」對聲煞及味煞的實際化解運用。

在室內的風水調理中，面對穿堂風的煞氣時，可在大門口處隔出一個玄關的空間，玄關牆的尺寸，要高於及寬於大門的高度和寬度，這樣才能讓氣流改道。玄關牆的材質，必須是採用不透光及不透風的材質。若經濟條件無法設置玄關，亦可擺放不透光、不透風材質的屏風，屏風尺寸也要高於及寬於大門的高度和寬度，這也是屬於「擋法」的運用。

3. 化法

「化法」是一種轉化之法，如室內太過潮濕，牆壁容易有壁癌，可使用除濕機除濕，這是「化法」的使用，即將潮濕轉化為乾燥的空間。又如室外大樹的樹葉過於茂盛，導致客廳太過陰暗的「暗堂煞」，必須要修剪擋住陽光的樹枝樹葉，讓室外光線能充份地進入屋中，及在室內加裝燈光照明，以增加陽氣動能，這也屬於「化法」的使用，是將陰暗轉化為光明之法。而房屋外牆爬滿九重葛、牽牛花等攀藤類植物，即犯了「勾絞煞」，也是要使用「化法」，將這些攀藤植物清理乾淨，保持外牆的平整乾淨。

又如自宅位於無尾巷尾端，由於無尾巷的危害，是因為氣場凝滯而氣機不暢。可藉由擺放數盆齊腰的大型闊葉盆栽，及流水造景設計，以加強氣場的活絡。這些化解方式都是「化法」的運用，以陽氣的動能轉化凝滯不通的氣場。

此外，如鄰近垃圾場、菜市場、臭水溝的居家環境，每天可聞到異味、臭味飄進宅中，對居住者的健康極為不利。最佳的選項，就是趕緊搬家，這是「避法」的運用；退而求其次的話，則要緊閉門窗，這是「擋法」的運用；而在家中開空調、使用空氣淨化機、薰香精油燈、擺放香氣濃郁的花朵……等方式，則是屬於「化法」的運用。

當面臨到不佳的流年理氣，如流年二黑星或五黃星飛到房宅的主要納氣口，正好該方位又在動土施工時，就必須用金來洩土煞，可擺放金屬物品在該方位化煞，民俗上會採用銅麒麟來化解「動土煞」。這是以金的能量，化解土的煞氣，是屬於「化法」在五行上的運用。

本書第柒篇第五節〈以五行調理不吉的飛星組合〉，已提及可用「洩法」，化解調理不吉的飛星組合。如放置水缸化解67退運飛星組合的「交劍煞」，用「實則洩其子」的方式，以水來洩金煞。也可用「相生通關法」，化解調理不吉的飛星組合，如臥房門口有「鬥牛煞」23或32的退運飛星組合，可在臥房門口處加入火的元素，如擺放紫水晶洞、紅辣椒飾品、紅地毯……等物品。因為五行中木生火，火又生土，形成了相生的格局。以上這些方法，都是屬於理氣上轉化之法的運用。

4. 鬥法

風水上雖然有「鬥法」的方式，但必須非常謹慎地使用，因為風水鬥法，兩敗俱傷，冤家宜解不宜結。有句話說：「**風水鬥法，神佛不佑；和諧化煞，人宅兩安**」。有些人在家門口會使用一些八卦鏡、山海鎮之類的物品，想要將煞氣排山倒海地推出去，這是屬於「鬥法」的運用。但當這些物品對著鄰居，鄰居會怎麼想呢？風水鬥法不可取，會損害自己的德行福報，心念不正，神佛又豈能護佑？一般使用八卦鏡、山海鎮、乾坤太極圖的原則，不能正對鄰宅，以避免引起糾紛。

遇到房宅外的煞氣，有些風水師會建議面對煞方使用針狀植物以制煞，如仙人掌、蘆薈之類帶刺的植物，這也屬於「鬥法」的運用。

若家中有「房中針」的柱子，有風水師會將劍懸掛在房中針的柱子上，象徵著「以劍鬥針」，這也是「鬥法」的運用；而有些風水師則會在房中針的其中一面懸掛鏡子，象徵將房中針「化有為無」，這是屬於「化法」的運用。所以，化解煞氣的方式有很多種，在實際運用時，要看何種效果較佳，有時也要整合起來綜合運用。

又如面對臨近大樓玻璃幕牆的「反光煞」，有些風水師會建議裝設反光玻璃，將反光煞反射回去，此法為風水中的「鬥法」，是屬於較霸道的化解法。筆者並不建議採用這種化解方式，使用和諧化煞法，方能人宅兩安，也不會損害自己的德行與福報。我們只要在窗戶上黏貼霧面貼紙，或是加裝厚重窗簾，或在陽台上擺放闊葉盆栽遮擋即可。

5. 避法

「避法」就是「三十六計，走為上策」。當其他方法都不好用時，就要趕緊躲避。譬如住在風水極惡之地，有複合型的難解煞氣，旁邊有一些嫌惡設施，如正對垃圾場、公墓、或正對醫院門口，或住宅旁邊緊鄰數個高壓電桶或高壓電塔逼壓，這些外煞都是化解不了的，最好以搬遷為宜。

住在高壓電廠旁的極惡風水，要盡快搬離

又如內格局的部分，筆者曾經看到一間店鋪的收銀機位置，剛好位在大樑之下，就建議店鋪主人趕緊將收銀機移開，不然會導致嚴重的財務壓力。筆者在前文也提及，建議一對新婚夫婦將床鋪上的吊燈移走，不然就容易造成腸胃問題及不易懷孕等問題，這就是「避法」的運用。

藉由以上風水化解之法的介紹，讀者可以瞭解，針對不同類型的煞氣，需採取不同的處理方式，風水化煞必須要符合科學性、邏輯性和人性心理。譬如面對反弓煞、剪刀煞或哀煞宮位的路沖，若能放置寫上「泰山石敢當」的堅實厚重大石塊，再加上種植圍籬樹牆，萬一車輛失速撞了上來，也較能抵擋衝擊，將車禍的傷害降低。這些方法肯定會比單用山海鎮、乾坤太極圖的效果好。用合理的方法將外煞做合理的解決，心理上也會覺得比較安心踏實。因此，化煞要選對方法，以合理符合邏輯的方法正確應對，這才是真正的風水之道。

風水中所講的「遮、擋、化、鬥、避」，其主要目的就是要達到「趨吉避凶」，這與中醫所說的「扶正祛邪」，道理都是相同的。

中醫療法雖然沒有特別提及「遮、擋、化、鬥、避」的說法，但在治療原則及治法中，也同樣運用著這些原則。如因應四季的變化，需要做出相應的養生保健措施。寒冷的冬天中，要穿著厚毛衣或羽絨衣以禦寒，遮好頭部、頸部、肚臍，避免寒風的侵襲，這是中醫養生中「遮法」的運用。

「玉屏風散」為常用的中藥方劑，《古今名醫方論》提到：「**夫以防風之善驅風，得黃耆以固表，則外有所衛，得白朮以固裡，則內有所據，風邪去而不復來，當倚如屏，珍如玉也**」，意指這個方劑猶如屏風的功能一般，可以抵禦風邪入侵，這是中藥方劑在「擋法」的運用。

又如略感風寒，身體略微發緊，可服用桂枝湯，並喝點熱粥，使身體微微發汗，以調和營衛，這就是「化法」的運用。若是身體濕氣過重，可服用一些芳香化濕，如霍香、佩蘭之類的中藥，如同除濕機的功能般以化濕，這也是「化法」的運用。

而中醫治則中有一項「熱者寒之，寒者熱之」的治療原則，即身體若有燥熱瘀積，可用寒涼藥以洩之、通之或攻之；身體有寒氣，則用溫熱的中藥以對抗，這是「鬥法」的運用。

《黃帝內經‧上古天真論》云：「**虛邪賊風，避之有時**」，對於這種不正之風，不可正面迎其鋒芒，要懂得躲避，才不會「中風邪」，此即「避法」的運用。

四、風水疾病的心理暗示法

風水上的煞氣，除了有形的煞氣與無形的理氣格局外，也牽涉到心理暗示層面的煞氣。

佛家云：「萬法唯心造，諸相由心生」，心靈的力量是很強大的，你相信什麼，你就會成為什麼，這就是信念的力量。

有一則故事說，有一位高僧在一次的行腳途中，見到前方的茅屋上方，呈現出祥瑞的光彩，他心想該屋中必定住著一位大修行者，才會有著這般的道行。他歡喜地想要去參見這位大修行者，結果出來應門的是一位老婆婆。老婆婆告知高僧，茅屋中就只有她一人獨居，並沒有什麼大修行者。

高僧疑惑地問老婆婆：「那您平日有修習什麼特殊法門嗎？」老婆婆回答：「我每天只有唸嗡嘛呢唄咪牛而已，已經唸了三十年了。」高僧聽後告知老婆婆：「您唸錯了，不是嗡嘛呢唄咪牛，要唸為嗡嘛呢唄咪吽。」老婆婆一聽高僧之言，感到相當錯愕與懊悔，想不到自己竟然唸錯了三十年。

過了一段時間，高僧在回程途中，再經過那間茅屋時，發現茅屋上方祥瑞的光彩已經消失。他大吃一驚，連忙敲門並問老婆婆：「您改唸為嗡嘛呢唄咪吽的感覺如何？」老婆婆說：「感覺非常不順。」高僧馬上告知老婆婆：「其實您唸的嗡嘛呢唄咪牛也是對的，以後您就繼續按照您之前的方法唸。」後來，高僧再次經過此地時，看到茅屋上方又呈現出祥瑞的光彩，高僧也露出欣慰的笑容。

從這個故事啟示我們一個道理，專注虔誠的信念，勝過正確的咒音。當老婆婆換為正確的咒音唸法後，即使咒音正確，但老婆婆的心安定不下，就無法與佛菩薩相應。當然，在一般正常的情況下，持咒要唸得正確方為得法，但心念的單純、專注及禮佛的虔誠，已經可與佛菩薩相應，並呈現出祥瑞之相的感應，其功效已超越正確的咒音。

從以上的例子，可以知道信念及心念的力量有多大，相信什麼，就會成為什麼。但水能載舟，亦能覆舟。心靈的認知力量，既可以如故事中的老婆婆一樣成就祥瑞的光彩，卻也可能會造成負面的傷害力量。

以居家風水而言，對於某些煞氣的認知，如看見棺材煞、藥罐煞，由於民俗文化背景的認知，心靈上相信這些「煞氣」形象，會造成傷害性的力量。一旦居住者的潛意識做出負面的自我暗示時，這些「煞氣」就會被賦予能量，而產生不利的影響。對居住者而言，就會影響其運勢與健康。因此，心理暗示型的煞氣，也有其影響力而不能輕忽。

這類心理暗示型的煞氣，原本並不會造成實質的影響，但如果你覺得那是煞氣，它就會對你的心理造成影響，因為你已經在心裡頭種了一個恐懼或厭惡的種子，就會產生自我心理暗示，並相信它就是會造成傷害的煞氣。

有些風水老師建議「藥罐煞」的化解之法，只要在鄰居的水塔上貼上「對我生財」的紅紙；或是使用一個全新乾淨的碗，在碗底貼上硬幣大小的紅色圓紙，做成「藥碗」，朝著藥罐的方向，將藥碗倒蓋，即象徵不用再吃藥，病已經痊癒。這其實就是為了破解先前對煞氣的自我心理暗示，所做的另一個心理暗示，即「心病需要心藥醫」的做法。

在居家風水煞氣的化解法上，常會使用遮擋的方式，「眼不見為淨」，因為眼睛看不見，就不會產生心理作用。這類心理暗示型的煞氣，就不會對其產生影響。

但在面對真正會產生實質影響的煞氣時，使用自我心理暗示的方法就不管用了。如遇到房宅外有反弓煞、剪刀煞、衰煞宮位的路沖等煞氣，有些風水師會建議面對煞方，使用針狀植物以制煞，如仙人掌、蘆薈之類帶刺的植物，其實這只是屬於自我安慰的心理暗示。然而，自宅正對反弓煞、剪刀煞、衰煞宮位的路沖，萬一車輛失速撞了上來，仙人掌、蘆薈能擋得住車輛的撞擊嗎？因此，在面對實質型的煞氣時，使用這類心理暗示作用的方法無濟於事。

且在陽台或門前，放置仙人掌、蘆薈之類的針刺類植物，其針刺未必能擋得住外煞，反而可能會製造出室內煞氣，針刺的煞氣刺向自宅，而傷到家人，可說是未蒙其利而反遭其害。

有些人的家中，可能會面對某些狀似「煞氣」的問題，但其實並不會對居家磁場產生實質性的影響。如距離自宅非常遙遠的壁刀，或壁刀雖離自宅較近，但該壁刀是屬於前文所提到的「假壁刀」，在該壁刀後方還有另一棟建築物遮蔽，所以並不會產生風切的問題。因此，這不是屬於真正的煞氣，而只是屬於心理層面的影響。

面對這些根本不會造成影響的「煞氣」，有些風水師可能會建議使用開光過的山海鎮、乾坤太極圖做化解。當然，在不影響鄰居觀感與和睦關係的前提下，略微使用以安定委託人的心，筆者也不置可否。

若是委託人因為聽從風水師的建議後，懸掛山海鎮、乾坤太極圖，心理覺得較安心且運勢較順。那是由於他心中相信這些民俗宗教化煞物有效，在強烈的自我心理暗示後，所產生的心理作用，與山海鎮、乾坤太極圖並沒有絕對必然的關聯。從心理層面而言，這也是一種心理暗示療法。但若藉此而大敲委託人的竹槓，該風水師也必須要承擔因果惡業。

五、風水疾病的複合式療法

中醫師治療疾病的重點，是幫患者「扶正祛邪」。而風水師調理居家風水的重點，則是幫委託人「趨吉避凶」。以這一點來看，兩者的本質極為相同，風水師即是房宅的醫生。

風水上的調整，正如調整一個人的體質一樣，但是否可以產生滿意的成效，也要看自宅原本的體質如何。以中醫治療患者而言，有些患者的體質原本就很強健，只是因為飲食上的錯誤，而造成短暫性的失衡，在改變飲食習慣之後，身體馬上就能恢復健康；但有些患者的體質，有先天器質性的病變，或長期的慢性病，再加上長期吃藥所造成的副作用，導致身體素質極差，調整的效果也相對較有限。

治療師只是一位幫助者，在患者自身能量的基礎上，調理到相對較佳的狀態。在幫患者「扶正祛邪」的過程中，激活患者自身能量，以排出毒素。因為是藉由患者的能量來調理患者，如果該患者的自身能量不算太差，即使身上積存的毒素不少，也容易排出；但如果患者自身能量嚴重不足，不但毒素不易排出，療程也會較長。

當人體的能量不足時，身體系統就無法正常運作。就如同一艘戰艦因遭遇事故，而失去主要的動力時，必須要關閉許多系統，如關閉偵測、武器、修復……等系統，以保留殘存的動力到達目的地。同樣地，當人體能量低弱時，自我偵測、排毒、防衛、自我修復、免疫……等系統都被關閉了，只能以微弱的能量，勉強維持生命。有些重症患者的能量已經太過低落而「藥石罔效」，最後就算是華陀再世，也是「神仙難救無命人」。

同樣地，風水師的調理，也只是就房宅目前現有的狀況，盡到最大程度的調理。若外巒頭和房宅的理氣尚佳，調理起來就較不費事，也較容易見到成效。但如果外巒頭醜惡、窮山惡水，再加上理氣不佳，不但不易調理，也難以見到成效。因此，風水不是萬能，不是透過調理，就可以解決所有居家風水的問題。房宅本身的體質，即內外格局的狀況，都必須先做一番評估，是否值得調理。如果是極惡風水，開門開窗就見到多個高壓電桶緊鄰自宅，根本不需要花精神去調理，還是一句話，趕快搬家吧！

若內外巒頭的煞氣和房宅的理氣問題雖然不少，但尚在可調整的範圍內，進行調理的過程中，就要先找出最嚴重，且必須要立刻處理的問題進行調理。

中醫在治療上，很強調要「掌握主症」，必須要掌握主要的病症，才能確立治療方向與治療原則。常有患者就醫時，往往會提到好幾種症狀，若不抓出主症，就無法做正確有效的治療。開立藥方時也是如此，中醫有句話說：「**藥青而力雄**」，即開藥時要盡量精簡且針對主症，效果才會出來。有時開太多味藥，太複雜反而會失去用藥的主軸，藥效反而不佳。

居家風水調理的道理也是如此，找出重點，專注加強在「主症」的佈局化煞即可。如果想招財，又想有好的考試運，又要招桃花，又要化煞，就會失去調理的主軸而效果不佳。

居家風水的調理，「掌握主症」之後，如果是確立以「化煞」為主軸，在化煞的方法使用上，可以使用「複合式化煞法」，以達最佳的調理效果。如有些風水老師在風水化煞物的使用上，為了確保效果，會將幾種化煞物同時使用。譬如在後陽台面對天斬煞或壁刀的風切問題，會建議除了懸掛山海鎮之外，再加上裝設反光玻璃反射煞氣，以確保效果。以筆者的做法而言，會建議種植植物擋煞，再加裝氣密窗處理，以達複合式化煞的最佳調理效果。

在風水化煞上所採取的複合式化煞法，和中醫的綜合治療法是一樣的道理。以筆者治療患者而言，雖然單用扎針的效果就很好，但當面臨比較複雜的病情，或病程較長較重的患者時，筆者通常會再加上刮痧拔罐的治療。一方面確保療效，另一方面也讓患者看到刮痧拔罐後的痧象，瞭解問題的嚴重程度，讓證據來說話。

這讓患者在生理或心理的層面都能起到效果，治療上的配合度也才會更高。有時也會加上中藥的調理，藉由中藥偏勝的藥性，補充患者的元氣或加速排出毒素，調理其身體陰陽失調、過寒過熱……等症狀。

筆者也會給患者自我鍛鍊的家庭作業，包括自我推拿、甩手功、拍打丹田、熱敷患處……等方式。治療是一個合作的過程，醫者負責醫者專業的部分，患者也要配合醫囑及做自我鍛鍊，這樣子療效才會增強。

同樣的道理，在風水的調整上，一位好的風水師要有專業的知識，提出適合委託人的建議。以「廁居中」的房宅而言，這種極惡風水，當然上上策是搬家，這是最佳的方案。但如果在委託人無法搬家的情況下，那麼就要提供退而求其次的替代方案，將不良的煞氣影響降低。

針對「廁居中」的煞氣，筆者所提供的複合式化解方案如下：

1. 遇到廁居中的房子，搬家才是上策。
2. 若在無法搬家的情況下，補救之法，可在廁所馬桶上方，擺放土種黃金葛之類的植栽，黃金葛上要綁上紅緞帶，因為這類植物屬陰，綁上紅緞帶可以轉陰為陽，加上用鹵素燈投射在黃金葛上做化解。藉著植物的光合作用以淨化氣場。要使用鹵素燈而不用LED燈，是因為鹵素燈會產生熱度，像是一顆小太陽般散發熱力。

3. 廁所門必須加裝過膝門簾，以避免穢氣四溢。門簾以整片式的設計為宜，不宜使用分片式門簾，除非該門簾有磁鐵的設計，會自行吸附闔上。
4. 可在廁所使用芳香劑，或放置薰香設備，讓空氣保持清新乾淨。
5. 可使用除濕機及空氣淨化機，以保持廁所的乾燥清新。
6. 需要加強抽風設備，將這些穢氣異味及濕氣抽出。
7. 廁所務必要做好清潔衛生，以降低穢氣的影響。

在不能搬家的情況下，這些複合式的替代方案，最好可以合併使用，以減輕「廁居中」的煞氣影響。

又如在第參篇中所提到憂鬱症患者的例子，筆者由患者衣服的濕氣重，判斷患者家中環境潮濕，在這樣的環境居住，就容易產生身心失調的問題。最好的解決方案，還是搬離老舊潮濕的房子。如果情況不允許，筆者所提供的複合式化解方案如下：

1. 盡可能地修剪房間窗戶外的樹枝，讓陽光可以照射進來。
2. 將臥室換到較為乾燥溫暖的房間。

3. 常使用壁爐生火，讓家中保持乾燥溫暖。
4. 常使用除濕機除濕，包括房間衣櫥也要除濕以保持乾燥。
5. 常到戶外曬太陽，且要經常將衣服和棉被拿到陽光下曝曬，以去除濕氣與霉味。
6. 將牆壁由天空藍的冷色系改漆為暖色系。
7. 房間可擺放鹽燈，以增加溫暖度及除濕除穢。

替代方案是退而求其次的方法，有時是沒有辦法中的辦法，但也是有一定程度的幫助。

調理後的風水，委託人是否能維持調整後的狀況，及環境的整潔乾淨，讓居家氣場能夠得到持續的淨化也很重要。就如同患者在病情復原後，仍要遵循醫囑，做好恢復期的自身保養。若不重視治療後的保養，飲食毫無節制，每天熬夜又不做運動，舊疾可能很快就會復發。

此外，居家風水強調「相宅如相人」、「人宅合一」，屋宅的磁場會與宅中之人合一。居家風水經由調整後，宅中之人在身心上是否也願意一起調整提升，都會影響調整的效果。如果只是想透過風水的改變，就可以讓生活變得非常美好，自己並不想做任何調整，那麼風水的調整成效可能也只是暫時性的。但如果在居家風水調理後，自己的身心靈也能做一番提升，保持良好的生活習慣與態度，並更加充滿善念與正念，面對外在的人事物都能感恩惜福，相信風水的調整效果會事半功倍。

六、風水疾病的因果論

功力高深的玄空飛星風水師，藉由檢視屋宅的內外格局，及推算出宅飛星盤後，就可以推論宅中之人的運勢及身體狀況如何，甚至可以推斷什麼時候會應吉和發凶。雖然看似神妙，但一切還是「有跡可尋」、「於法有據」，看到屋宅內外的「相」，結合宅飛星盤的「數」，依風水之「法」而推出其中之「理」。

「相宅如相人」，從宅相可以分析判斷全家人及個人的運勢軌跡。這和從一個人的八字、面相、手相，可以分析判斷其人一生的「生命軌跡」，都是同樣的道理。一切都是有跡可尋，凡走過必留下痕跡，這些「痕跡」都是可以被解讀的訊息。

八字、面相、手相的「生命軌跡」，是一個人因緣果報的結果，當下的「我」，其實就是因果的「業報體」。佛家云：「**欲知前世因，今生受者是；欲知來世果，今生作者是**」。「前世」、「來世」不必然是指上輩子、下輩子。在「當下」以前就是前世，當下之後就是來世。過去所造之因，現在必須承受；而現在所造之因，將來必定結果。

會選到什麼房子，是全家人共業因果下的「業報體」，房子的好壞對全家人都會造成影響，是全家人都必須要共同承擔的「家庭共業」。但在這共業之中，其中又有個人的「個業」，也就是跟個人所住的房間有關。

居家風水提到「相宅如相人」、「人宅合一」，試想房子千萬間，為什麼我會選到這間房子，這是由於磁場相應的關係。是我自身的磁場，吸引到這間房子。換句話說，不是這間房子吸引到我，而是由於我自身的磁場，吸引了與「我」相應的所有外在一切的人、事、物，當然也包括了這間房子，這就是「**同聲相應，同氣相求**」的原理。

對這方面有所理解後，再來談風水的趨吉避凶，才會是「正信風水」。因此，真正相信風水的人，一定是相信因果的人。

由於福報因緣的緣故，要能真正住進「丁財兩旺」的屋宅並不容易，有些房宅會旺丁而不旺財；有些房宅則雖旺財但不旺丁，家中人口不但少，而且家人身體也多疾病。

有些房宅會造成財散人不聚，不但無法聚財，家中成員在家也待不住，老想往外跑，這是因為他們與這間房宅的磁場「不相應」的緣故。如果他們運氣較好的話，就會由於各種原因，如結婚、到外地求學或工作，而搬離這間房子，所以就較不會受到該房宅的壞磁場影響。而留下來的人，就是屬於運氣較差，或身體狀況不佳的人。繼續住在該房宅的成員，就會繼續承受該屋宅壞風水所帶來的影響。若婚嫁後繼續住在該房宅，能住進來的對象，通常有可能是能量較低、運勢較差，或身體狀況較差而有所缺陷的人。

有些房子的磁場，會讓居住者的睡眠品質不佳，身體病痛連連。當人的運勢低時，就容易住進會導致破財或讓人生病的房子，屋宅內外隨處可見反弓煞、壁刀、壓樑、梯刀……等煞氣現象。藉由這些顯象，可判斷出可能產生的風水病，也可看出這個家庭的運勢。這是由於「人宅合一」的緣故，一切都是因果業報體的顯象。

因為「心生法界」的緣故，外界種種顯象，其實也反映了內心的種種心相。因此，我們可以逆向思考，居家風水所見到的種種煞氣，是否也忠實地呈現了自身的心靈狀態。

透過居家所看到的種種煞氣，可以藉此自我省思，而在人格個性或生活態度上做出修正。譬如看到了尖角沖射、壁刀煞、天斬煞等煞氣，可以藉此反思，自己是不是常常與人針鋒相對、盛氣凌人；看到懸空煞，可以藉此反思，自己是不是做事沒有腳踏實地，只知高談闊論不接地氣；看到無尾巷，可以藉此反思，自己是不是做事時常有頭無尾、虎頭蛇尾；看到破亂煞、雜物煞等，可以藉此反思，自己是不是沒有用心規劃生活而顯得一團雜亂：看到穿堂風，可以藉此反思，自己是不是花錢不知節制。

想要真正的避免風水病，除了要做適當的風水調理外，也要藉著這些影響健康的風水煞氣，不斷地深入自我省思、淨化心靈，才能將自身及居家磁場，做個徹底的改善，得到真正的「趨吉避凶」。

世間事物總脫離不了陰陽五行，對事理通達的人，可了悟《道德經》所說的：「**禍兮福之所倚，福兮禍之所伏**」，禍與福相互依存，也可以相互轉化，好事和壞事是可以相互轉化的。在某些狀況下，福就會變成禍，禍也可能會變成福，就如「塞翁失馬，焉知非福」的故事一樣。一般人只看到了眼前的禍福，很難瞭解禍福背後所蘊藏的含意，及最終可能演變的結果。

如透過風水的幫助，發了官貴，當上政府的權貴要員，但若是因為掌權而迷思自我，最終因貪汙而下獄，反而不得善終。若是當時不發官貴，可能還不至於有貪汙的機會而導致下獄。有些人則是因為發了橫財，開始揮霍無度，最後導致家破人亡。這種例子實在是不勝枚舉，主因就是「德不配位」，突然來的富貴，有時也會成為一種反噬的力量，這是由於無德居之的緣故。

因此，調整風水需有正知正見，不但要調整居家風水，同時也要修內德、積陰德。武俠小說中，常會提到修練越高強的武功，心性的修為也必須要相對提升，不然就會如《天龍八部》中的吐蕃國師鳩摩智，一味地強練「少林七十二絕技」，最後導致走火入魔。

這些少林七十二絕技，每一項絕技都能傷人要害、取人性命，所以帶著很強的戾氣，修習者必須要配合慈悲佛法的修為，才能化解在修習這些上乘武功時所沾染的戾氣。如果強行修練這些殺伐絕技，而不修習佛法，戾氣深入臟腑，就會積為內傷而走火入魔。

雖然這是武俠小說的情節，但運用在世間的道理上，卻都是相通的，只有「**德才可配位**」、「**厚德才可載物**」。若是無德，縱使能得一時興旺，也是無法長久，甚至會造下更多罪業而招致禍殃。

因此，我們在學習風水之道的同時，也必須要調整自身的心態，菜根譚云：「**心地乾淨，方可讀書學古**」。

中醫用針法治病，是以患者自身的能量，調整患者自身的機能，做到最大程度的扶正祛邪；風水堪輿則是在委託人現有的福報之下，做到最大化的趨吉避凶。風水的法則，是幫助人在居住環境當中，合理地趨吉避凶，並不是去改變因果。如果想藉由風水來改變因果，那恐怕是逆天行事。

有病看醫生，平日靠保養，就如同調整風水時要找專業風水師調理，但平日自己也要做好居家的氣場淨化與環境維護，以及廣積陰德，修心養性，讓「境隨心轉」。外在的煞氣影響，也會因為自身心念與信念的轉變提升，而大事化小、小事化無，這才是真正的趨吉避凶。

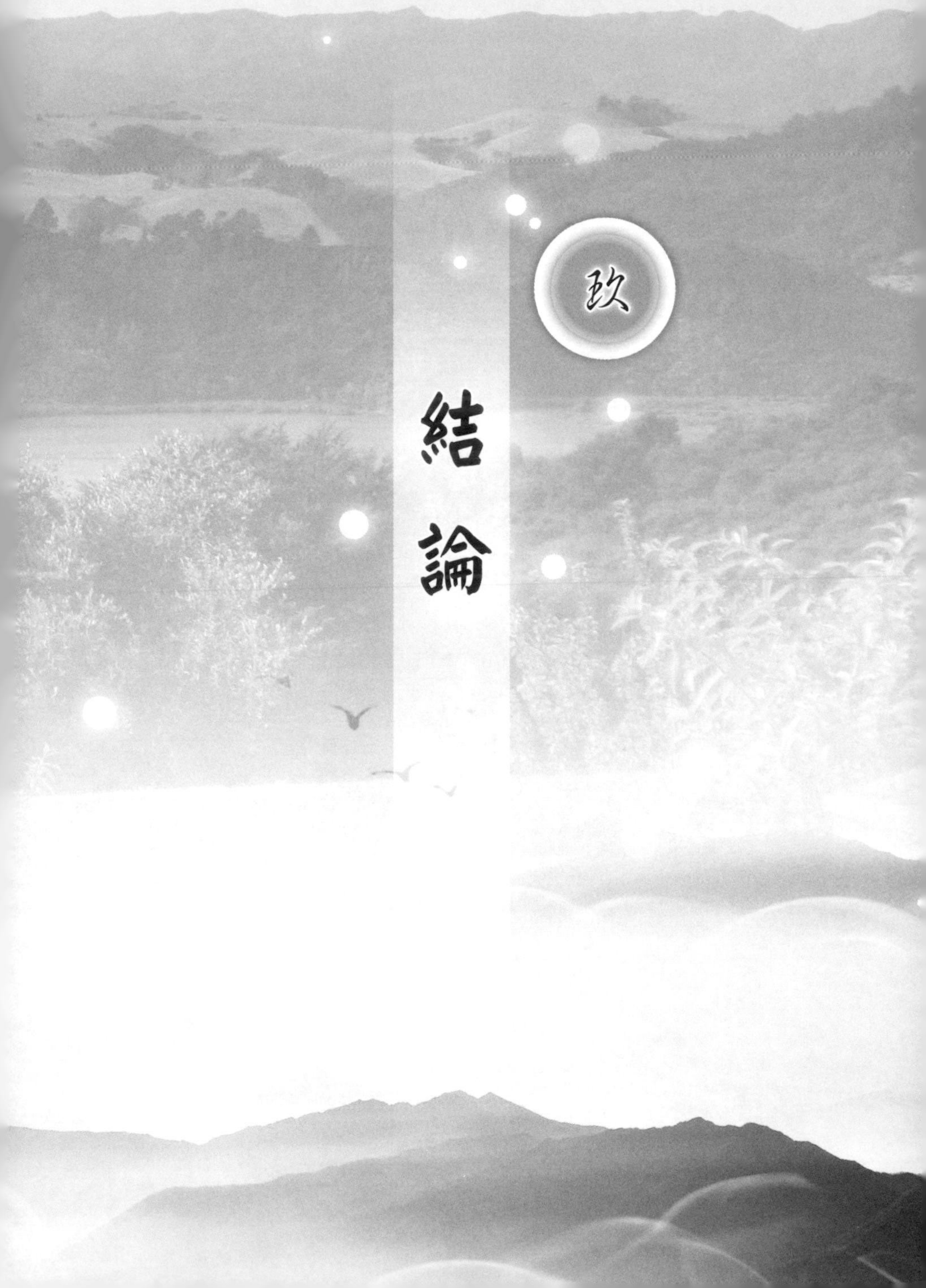

玖

結論

玖 結論

本書的重點，是介紹風水疾病的致病因素與化解之道，並融會整合中醫與居家風水的調理原則及方法。希望藉由本書的內容，能讓讀者對風水與風水病的成因，有更多的瞭解，藉由居家風水化煞的種種佈局及調理，趨吉避凶而得到身心的安康。

本書的書名《**學風水斷疾病，一本就上手**》，書名中的「斷」字，有「預測判斷疾病」及「斷絕遠離疾病」的雙重意義。即希望讀者在閱讀完本書後，能夠檢視自家內外風水格局，預測判斷潛在的風水致病因素，可提早做好預防，以達到預防勝於治療的「治未病」功效。若是已經產生疾病或發生意外血光等情事，更應詳細檢視自家內外巒頭及理氣格局，盡速化解引發疾病或意外血光的煞氣，以「亡羊補牢」而斷離疾病災害。

此外，由於「相宅如相人」、「人宅合一」，一切都是「因果業報體」的顯象。在調整居家風水煞氣的外相時，也要能調整自己的心相，如此才是真正的趨吉避凶。

人的能量氣場，會與所居住的地理磁場，產生相互共振的影響。在調理風水時，不僅要重視外在風水的調理，內在心靈層面的調整也很重要。人有業性和慣性，如果不從內在調整好，即使調整了外在的風水，不久之後，同樣的狀況又會再度產生。正如疾病得到療癒後，依然要遵從醫生的囑咐，做好養生保健以避免舊疾復發。

不良的居家風水磁場會影響居住者，這是環境對人的影響。而心境常處於寧靜安詳，修為層次高的人，能「福人居福地」，甚至可以改變居住環境的磁場、氣場，這是人對環境的影響，也是「境隨心轉」的體現。

就如同有些房子內的空氣汙濁不清新，但只要打開空氣淨化機，空氣會慢慢得到改善。如果水質不乾淨，只要連接優質濾水器後，甚至可以生飲。我們是否可以成為居家環境中的空氣淨化機和優質濾水器，端看個人的修為境界。然而，修為境界並不是一蹴可幾，是需要真實地慈悲喜捨，不斷地轉化、淨化心念方能達到。一位行義的人，不是本身就是義人，而是在行義的過程中，觀照到自己有許多不足，不斷地自我反省提升，勉勵自己成為義人。

有一副對聯「**外觀世音，聞聲救苦；內觀自在，十方圓融**」，讚嘆著「觀世音菩薩」的德行。佛菩薩的法界為什麼高，是因為祂們的無量慈悲，所發下的弘誓悲願，願意聞聲救苦，但也同時不斷地往內心觀照，照見「色、受、想、行、識」五蘊皆空，故能自在圓融無礙。

我們凡夫眾生容易對外境外相產生執著，包括對事物的執著，稱為「事障」；對觀念想法的執著，稱為「理障」。產生各種分別執著心，即「人相、我相、眾生相、壽者相」。這些執著會讓人產生各種疾病，生理影響心理，而心理也會影響生理。《心經》云：「**心無罣礙，無罣礙故，無有恐怖，遠離顛倒夢想，究竟涅槃**」，在提升心性修為的路上，需要學習放下心念的執著，無所罣礙，這種「心無罣礙」的心態，在面對心理暗示型的假煞氣時尤為重要。

對風水疾病的治療方案而言，最好是採取綜合療法，找出病因後，設計出一套完整的複合式治療方案。除了針對風水煞氣，做出複合式的調理化解外，若需就醫治療，也必須要同時進行，並且要消除負面的心理暗示，與提升自己的修為，在標本同治的情況下，才能得到最佳的療癒效果。

居家風水強調「趨吉避凶」，適當的風水調理，有其重要性和必要性，畢竟我們尚未達到佛菩薩的境界，可以不受外在環境的影響。但我們同時也可以從最簡單的淨化心念，每日行善開始做起，這也是一個調整磁場的契機。「**日日行善，福雖未至，禍已遠離**」、「**積善之家必有餘慶**」、「**福人居福地**」。修善行義、心懷慈悲、光明磊落之人，走到何處都會自然形成「結界」，得到護法神的護佑，這才是趨吉避凶的真義。最後，祝福讀者都能得到身心的安頓康寧。祈願大家平安吉祥，離苦得樂。

王老師聯繫方式：
電話：64-22C622155（紐西蘭）
網站：www.fengshuiconsultant.co.rz
Email：fengshuiconsultantnz@gmail.com

國家圖書館出版品預行編目資料

學風水斷疾病，一本就上手／王信宜著.
——第一版——臺北市：知青頻道出版；
紅螞蟻圖書發行，2022.06
面　公分——(Easy Quick；184)
ISBN 978-986-488-226-7（平裝）

1.CST：相宅

294.1　　111006845

Easy Quick 184
學風水斷疾病，一本就上手
作　　者／王信宜
發 行 人／賴秀珍
總 編 輯／何南輝
校　　對／周英嬌、王信宜
美術構成／沙海潛行
封面設計／引子設計
出　　版／知青頻道出版有限公司
發　　行／紅螞蟻圖書有限公司
地　　址／台北市內湖區舊宗路二段121巷19號（紅螞蟻資訊大樓）
網　　站／www.e-redant.com
郵撥帳號／1604621-1　紅螞蟻圖書有限公司
電　　話／(02)2795-3656（代表號）
傳　　真／(02)2795-4100
登 記 證／局版北市業字第796號
法律顧問／許晏賓律師
印 刷 廠／卡樂彩色製版印刷有限公司
出版日期／2022年 6 月　第一版第一刷

定價 360 元　港幣 120 元

ISBN 978-986-488-226-7　　Printed in Taiwan